Dieses Buch gehört:

Das Kochbuch aus dem Saarland

aufgeschrieben und ausprobiert von

Gisela Allkemper und Gabriele Schütz

mit einem Vorwort von

Klaus Groth
Saarländischer Rundfunk

verlegt von
Wolfgang Hölker

ISBN-NR: 3-88117-038-3
VVA-NR: 280 000 38 - 8

D - 4400 Münster, Martinistraße 2

Printed in Germany by Druckhaus Cramer, Greven
Imprimé en Allemagne
Buchbinderische Verarbeitung:
Bercker, Graphischer Betrieb GmbH, Kevelaer

Inhalt

Vorwort

Ein Kochbuch aus dem Saarland? Unmöglich. Was gibt's im Saarland außer Dippelabbes schon Besonderes, Eigenständiges? Naja, und Dippelabbes (es gibt verschiedene Schreib- und Zubereitungsarten) schmeckt zwar gut, aber die Finger braucht man sich nicht danach zu lecken, ganz egal, ob es nun Dippelabbes mit Derrfleisch ist oder ohne. Und dann blätterte ich ein wenig und war hoch erstaunt über die Fülle an Rezepten, die tatsächlich saarländischen Ursprungs sind. »Mir wisse, was gudd iss« sagen die Saarländer von sich und das kann ich aus vollem Herzen bestätigen, nachdem ich nun nach sechzehn Jahren im Saarland seßhaft geworden bin. Tausende, es ist nicht übertrieben, von Rezepten wurden mir geschickt, Hunderte davon habe ich selbst ausprobiert, und ich muß sagen, die saarländische Küche kann sich sehen lassen. Mag es nun daran liegen, daß Frankreich nicht weit ist und viele französische Gerichte ihre saarländische Abwandlung erfahren haben, mag es daran liegen, daß die saarländische Hausfrau darauf angewiesen war, mit wenigen Mitteln schmackhafte Gerichte zu zaubern, es hat sich tatsächlich eine Kochkunst im Saarland im Laufe der Zeit entwickelt, die durchaus Schritt halten kann mit vielen gerühmten Küchen Deutschlands und, ich bin versucht zu sagen, Europas. Aus der Fülle der Rezepte hier im Vorwort einzelne zu erwähnen, ist fast unmöglich, und wenn ich es dennoch tue, so nur unter dem Gesichtspunkt absoluter Subjektivität. Die zahllosen Wildgerichte lassen mir allein bei dem Gedanken daran das Wasser im Mund zusammenlaufen. Wild aus den ausgedehnten Wäldern des Saarlandes, das nur in der Vorstellung der übrigen Bundesbürger ein Miniruhrgebiet ist. Tatsächlich ist das Saarland, nach Bayern, das waldreichste Bundesland überhaupt. Und, diese kleine »Schleichwerbung« sei mir gestattet, ein Besuch, ein längerer Aufenthalt im Saarland lohnt sich . . . Ich denke auch an die Bambelsupp, Bambelcher sind Mangold, oder an ein ganz einfaches Gericht, das sich aber im Saarland zu Recht großer Beliebtheit erfreut, an Geeleriebestambes (gelbe

Rüben und Kartoffeln zusammengekocht, vereinfacht übersetzt) mit Fleeschworscht, das sind Gerichte, die man leider auch im Saarland nicht mehr auf den Speisekarten der Restaurants findet. Vielleicht ist die international Verödung der Restaurantsspeisekarten der Hauptgrund dafür, daß sich die Hausfrau und der Hausmann (der kochende) immer mehr auf die alten Rezepte aus Mutters, Großmutters und Uromas Küche besinnen. Man hat es einfach satt, immer nur mit Schnitzel, Steaks, Pommes frites und Kopfsalat gefüttert zu werden, auch wenn die Schnitzel oder Steaks auf Grund einer Scheibe Ananas und einer vertrockneten Kirsche sich gern mit Beinamen wie Hawaii und Honolulu schmücken. Selbst in feinen und allerfeinsten Kreisen kommt man langsam auf das Urwüchsige zurück. Nur noch Parvenues der Haute Cuisine servieren Haifischflossensuppe, Bärentatzengulasch mit Nachtigallenzungen rings garniert sowie Norwegisches Omelett flambiert zum Abendessen. Die emanzipierten Gastgeber reichen Biebelchessupp, Lewwerknepp mit Sauerkraut und Stampes und hinterher Weckkratzerte mit Dürrobscht. Und dann kann passieren, was immer will, »Hauptsach mir hann gudd gess« sagt dann der echte Saarländer. Und ich bin fast sicher, daß auch Sie das nach der Lektüre dieses Buches sagen.

fig . 1

Suppen

I. Fleischbrühen

Reissuppe

Reissuppe ist im Saarland eine der beliebtesten Vorsuppen, die man sowohl bei Hochzeitsfeiern serviert als auch bei allgemeinen Sommerfesten, wie z.B. dem Quierschieder Wambefescht. Je besser die »gudd Reissupp« ist, desto länger spricht man von dem gelungenen Fest.

Auf 4 Personen berechnet:
500 g Rindfleisch – hohe Rippe –, 500 g Schweinefleisch – möglichst vom Vorderschinken –, 2 l Wasser, Salz, 1 Bund Suppengrün (Lauch, Sellerie, Möhre, 1 Zwiebel), 100 g Langkornreis, 250 g Pilze

Das Fleisch in kochendem Salzwasser ansetzen und ½ Stunde lang vorkochen. Den Reis zweimal mit heißem Wasser überbrühen, abschütten und in die Suppe geben. Das Suppengrün waschen, kleinschneiden und auch mitkochen lassen. Diese Suppe kocht noch etwa ½ Stunde lang, darf aber nicht umgerührt werden. Anschließend das Fleisch aus der Suppe nehmen. Die Pilze in Fett anbraten, in die Suppe geben und einmal aufkochen lassen.
Das Fleisch wird nach der Suppe als Zwischengericht oder auch als Hauptspeise mit Rotrüben (rote Beete), sauren Gurken, Senf und Meerrettich vom Suppenteller gegessen.
Variante: Die Suppe mit Mehl binden und mit 1 Eigelb legieren. In jeden Teller 1 TL gehackte Petersilie geben und mit der Suppe auffüllen.

Riwwelsupp

Diese Suppe hat ihren Namen von der »Einlage« erhalten; denn den frisch zubereiteten Nudelteig riwwelt (zerreibt) man zwischen den Händen in die Suppe hinein.

1 l Fleischbrühe –
Nudelteig: 5 EL Mehl, 1 Ei, 1 Prise Salz –
viel Schnittlauch oder Petersilie

Mehl, Ei und Salz verknetet man zu einem glatten Teig und »riwwelt« diesen in die schwach kochende Fleischbrühe.
Kochzeit: etwa 10 Minuten.
Schnittlauch waschen, kleinschneiden und kurz vor dem Servieren in die Suppe streuen.

Schön braun rösten

Zwiwwelsupp

1 l Rindfleischbrühe, 200 g Zwiebeln, 60 g Margarine oder Butter, Salz, Pfeffer, 2 Brötchen vom Vortag

Die Zwiebeln schälen, in Scheiben schneiden und in der Butter braun rösten. Mit Fleischbrühe ablöschen, aufkochen und mit Salz und Pfeffer abschmecken. Die Brötchen in dünne Scheiben schneiden, in den Teller legen und mit der Suppe übergießen.
Wie beliebt und bewährt diese Suppe an der Saar ist, zeigt folgender Spruch:

Schon die Zwiwwelsupp allän
helft manschem Kranke
off die Bähn.

Wecksupp

2 Wecken vom Vortag (oder 3 Brötchen), 40 g Butter, 1 l Fleischbrühe, 2 Eigelb, 1 Bund Schnittlauch oder Petersilie

Die Wecken werden in feine Scheibchen geschnitten und in der Butter goldgelb geröstet. Schnittlauch oder Petersilie waschen, hacken und zusammen mit den Weckschnitten in den Suppentel-

ler geben. Die Fleischbrühe erhitzen, aber nicht kochen lassen. In diese heiße Suppe gibt man die verquirlten Eigelb und gießt die Brühe sofort, damit die Eigelb nicht stocken können, über die Weckschnitten.
Kinder mögen diese Suppe lieber mit heißer Milch als mit Fleischbrühe. Statt des Schnittlauchs nimmt man dann ein Zukker-Zimt-Gemisch.

Geröstete Grießsuppe

Omi einladen.

125 g Hartweizengrieß, 60 g Butter oder Margarine, 1/2 l Fleischbrühe, 1/2 l Milch, Salz, Maggi, 1 EL gehackte Petersilie

Die Butter zerlassen, den Grieß darin hellbraun rösten und mit der heißen Fleischbrühe ablöschen. Mit Salz und Maggi abschmecken und die Suppe aufkochen lassen. Die Milch erhitzen und in die kochende Suppe gießen. Den Grieß ganz ausquellen lassen.
Mit Petersilie bestreut zu Tisch geben.
Diese Grießsuppe wird gern abends zur »Schmeer«, das sind gebutterte Brotscheiben, gereicht.

II. Suppeneintöpfe

Wurstsuppe

Die Brühe, die beim Abkochen von Würsten (s. Schlachten S. 42) oder von falschen Lewwerknepp (s. S. 29) entsteht, bildet die Grundlage für diesen kräftigen Eintopf; denn man reichert die Brühe an mit:

Die esse ma liewer alleen!

100 g kleingeschnittener Blutwurst, 3–4 gewürfelten rohen Kartoffeln und den übrig gebliebenen, in Scheiben geschnittenen Lewwerknepp.
Gewürzt wird zusätzlich mit Majoran nach Geschmack.

Die Suppe noch 10 Minuten lang kochen lassen. Sie ist mit einer Scheibe Brot eine vollständige Mahlzeit.
Nach dem Schlachten war sie der Auftakt zu einem üppigen Schlachtfestessen mit Wellfleisch, frischen Würsten und Sauerkraut. Man lud Verwandte, Freunde und Bekannte dazu ein und gab jedem, wenn möglich, noch eine Kanne Suppe mit.

Bambelsupp (Mangoldsuppe)

1 1/2 l kräftige Fleischbrühe, 500 g Mangold, 250 g Kartoffeln, Maggi, 50 g fetter Speck, Salz, Pfeffer, 1 Milchgießer Sahne

Kartoffeln waschen, schälen und in Würfel schneiden. Mangold putzen, waschen und quer in 1/2 cm breite Streifen schneiden. Die Brühe erhitzen, Kartoffeln und Mangoldstreifen gut 10 Minuten lang darin kochen lassen und dann leicht durchstampfen. Mit den Gewürzen abschmecken. Den Speck würfeln, in der Pfanne auslassen und die Suppe damit »abschmelzen«. Einen Schuß Sahne in den Teller geben und mit der Suppe auffüllen. Dazu gehören unbedingt Kartoffelwaffeln (s. S. 65).

Kappessupp

Diese Suppe ist eine Weißkohlsuppe, denn Weißkohl nennt man im Saarland »Kappes«. Es ist das meist angebaute Gemüse, besonders in der Lisdorfer Gegend und wird von den einheimischen Frauen auf dem Markt angeboten. Es gab sogar früher den Saisonberuf des Kappesschneiders. Er wurde »der Kappeskläs« gerufen. Dieser zog in den Herbstmonaten mit dem Schrotmesser am Seil über den Rücken durch die Dorfstraßen, um ganze Hügel von Kappeshädern (von Kohlköpfen) in riesige Holzbottiche einzuschroten. Meistens trippelte er dann das mit Salz und Wacholderbeeren gewürzte Kraut auch ein, und zwar

Könnte ich jeden Tag essen!

mit bloßen Füßen, die vorher unter Aufsicht der Hausfrau so lange geschrubbt wurden, bis die Haut sich puterrot färbte. Weit und breit konnte in dieser Zeit niemand so saubere Füße vorzeigen, wie der Kappeskläs.

500 g Rindfleisch zum Kochen, $1\frac{1}{2}$ l Wasser, 1 Bund Suppengrün, 500 g Kappes, 4 große Kartoffeln, Salz, Pfeffer, Maggi

Das Rindfleisch wird mit dem Wasser und dem kleingeschnittenen Suppengrün kalt aufgesetzt und muß $1\frac{1}{2}$ Stunden kochen, damit es schön weich ist. Danach nimmt man das Fleisch aus der Brühe – das Suppengemüse soll verkocht sein – und stellt es beiseite. Der Kappes wird in feine Streifen geschnitten, die Kartoffeln werden geschält und gewürfelt und zusammen mit den Kappesstreifen in der Brühe gargekocht. Abschmecken mit Salz, Maggi und Pfeffer. Das Fleisch würfeln und in die Suppe zurückgeben.

Löffelbohnensuppe

(auch Bibbelchesbohnesupp genannt)

Quetsche-kuche nicht vergessen!

1 kg grüne Bohnen (Stangen- oder Buschbohnen), 500 g Kartoffeln – mehlige Sorte, $1\frac{1}{2}$ l Fleischbrühe, 1 Bund Suppengrün, 1 Stiel Bohnenkraut, $\frac{1}{2}$ Becher Sahne, Salz, Pfeffer

Die abgefädelten Bohnen in ungefähr 1 cm große Stücke schneiden und waschen. Die Kartoffeln schälen, würfeln und mit den Bohnen, dem Suppengrün und Bohnenkraut in der Brühe garkochen. Mit Salz und Pfeffer abschmecken und mit der Sahne verfeinern.

Wer die Suppe gern säuerlich mag, gibt einen Schuß Essig hinein. Dazu reicht man Kartoffelwaffeln (s. S. 65). In der Gegend um Saarbrücken und Zweibrücken ißt man sogar riesige Stücke Quetschekuche (s. S. 100) dazu.

Saarländer Rappsupp

250 g Dürrfleisch, 1 1/2 l Fleischbrühe oder Wasser, 2 Bündchen Suppengrün, 2 grobgehackte Zwiebeln, zusätzlich 1 Stück Petersilienwurzel und 1 Stengel Maggikraut (Liebstöckel), 5 rohe Kartoffeln, Salz, Muskat, Pfeffer, 1 Ei

Das Fleisch wird mit dem würfelig geschnittenen Suppengemüse gegart. Nach etwa 1/2 Stunde Garzeit rappt (reibt) man die geschälten, rohen Kartoffeln in die kochende Suppe und läßt sie noch 5 Minuten köcheln. Man schmeckt sie mit Salz, Muskat und Pfeffer ab und legiert sie mit dem Ei.

Grumbeersupp

das ist Kartoffelsuppe

2 l Fleischbrühe, 1 kg Kartoffeln – mehlige Sorte –, 2 Bund Suppengrün, 1 Zwiebel, Salz, Pfeffer, 1 EL Margarine, 1 Becher saure Sahne

Die Kartoffeln schälen und würfeln. Das Suppengrün putzen und kleinschneiden. Alles zusammen in der Fleischbrühe garen. Die Suppe durch ein Haarsieb passieren, aufkochen und mit Salz und Pfeffer würzen. Die Zwiebel würfeln, goldbraun rösten und die Suppe damit anreichern. Die saure Sahne schaumig schlagen, einen Klecks davon in jeden Teller geben und mit Suppe übergießen.
Variante: Diese Suppe mit Majoran gekocht und nicht durchpassiert ißt man in Neunkirchen als

Biebelschessupp.

Mir senn Saarbrigger
un spiele Klicker
un stemme Blutwurscht
mit eener Hand!

III. Süße Suppen

Weinsuppe

Diese Art der Weinsuppe stammt aus dem Apfelanbaugebiet um Merzig. Sie ist im ganzen Saarland beliebt und wird zur Sommerzeit gern als erfrischende und leichte Mahlzeit mit etwas Kleingebäck gelöffelt. Die Besonderheit dieser Suppe liegt außerdem darin, daß sie nicht mit Speisestärke, sondern mit Grünkernmehl, das ist das Mehl aus dem halbreifen Dinkel, gebunden wird.

1 l Appelviez oder Saarwein, 80 g Zucker, 1 Stück Zitronenschale, 1 Zitronenscheibe, 1 Stange Zimt, 50 g Grünkernmehl, 2 Eigelb, 1/8 l süße Sahne, Zimt und Zucker zum Bestreuen

Viez, Zucker, Zitrone und die Zimtstange zum Kochen bringen. Das Grünkernmehl mit kaltem Wasser anrühren und unter ständigem Rühren in den Viez geben. Aufkochen lassen, die Zimtstange und die Zitrone herausnehmen. Das Eigelb mit Sahne verquirlen und die Suppe damit legieren. Beim Servieren der Suppe bedient sich jeder nach Geschmack mit Zimt und Zucker.
Eine Variante, die man aus der Pfalz übernommen hat, ist: die Suppe in weite Tassen füllen. Recht steifen Eischnee auf Zwiebäcken turmartig anrichten. Diese Zwiebäcke jetzt auf die Suppe setzen und schnell im Backofen bei 250° überbacken.

Maahlzeit!

Notizen & weitere Rezepte:

fig. 2

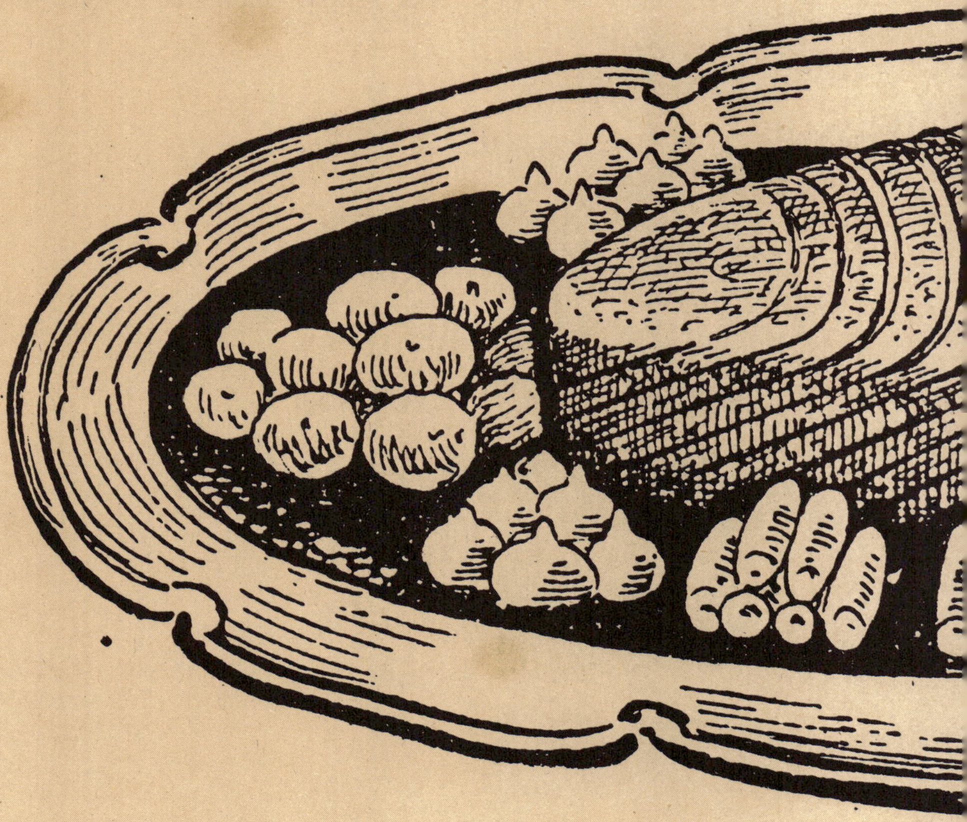

Fleischgerichte

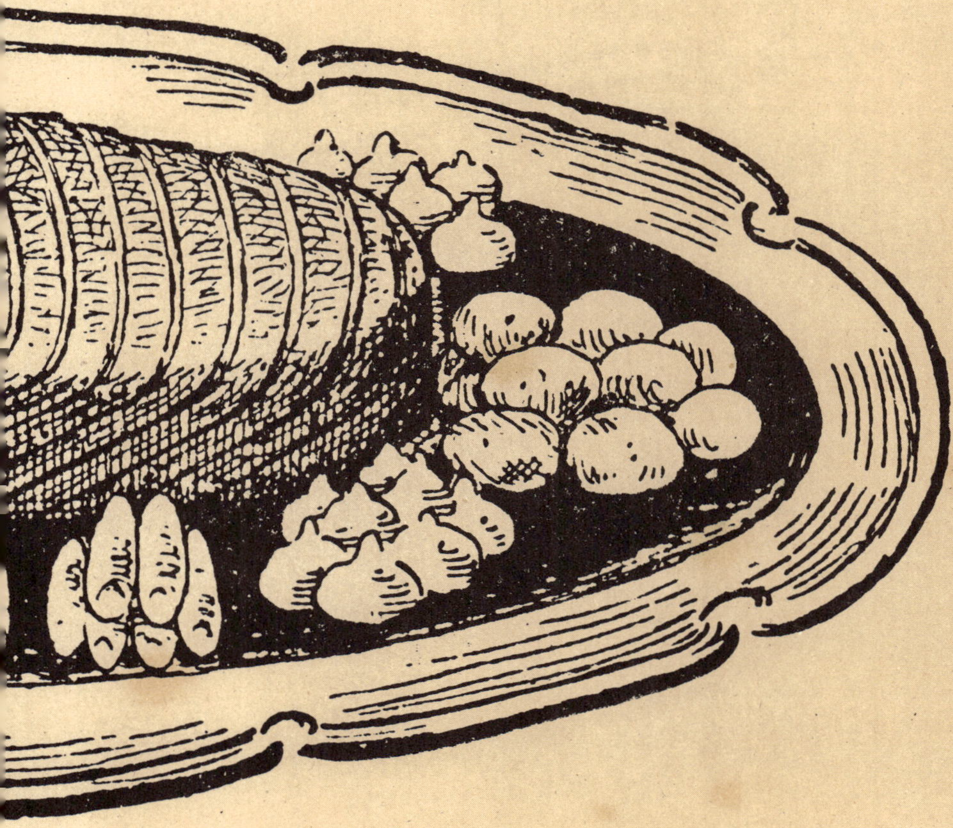

Gebratenes Suppenfleisch

Das Fleisch, das in den Suppen mitgekocht wird, wird im Saarland auf zweierlei Arten weiterverarbeitet und gegessen.

1. Das gekochte Fleisch in Würfel schneiden und mit Zwiebelringen in wenig Fett anbraten. Ist es schön braun und knusprig, läßt man einige verschlagene Eier darüber stocken. Dazu Brot oder Kartoffeln.
2. Das Fleisch wird nicht in Würfel geschnitten, sondern am Stück angebraten. Man bestäubt es mit Mehl, löscht mit Wasser ab und kocht es noch einmal kurz durch. Die so entstandene Sauce wird mit Salz, Pfeffer und Maggi abgeschmeckt.

Spanferkelschinken

Emmi fragen!

1/2 Spanferkel (Hinterbacken), Salz, 1 Knoblauchzehe, etwas Öl, etwas Bier

Das Spanferkel wird mit Salz und einer durchgeschnittenen Knoblauchzehe eingerieben und mit Öl eingepinselt. Das Spanferkel in die Pfanne des Backofens legen, 1/8 l Wasser zugießen und 1 Stunde bei 250° vordämpfen. Dann legt man das Spanferkel auf den Rost des Backofens, schiebt die Pfanne wieder unter und brät die Hinterbacken noch 1 1/2 Stunden lang. Dabei wird das Fleisch häufig mit der Brühe aus der Pfanne übergossen.

10 Minuten vor Beendigung der Bratzeit wird die Schwarte mit Bier abgeschreckt, so daß sie hart und glasig wird. Dazu gibt es Endiviensalat und Kärschdscher (s. S. 66) oder Majorankartoffeln (s. folgendes Rezept).

Spanferkel, mit Majorankartoffeln gefüllt

Fährt man im Sommer durch das Saarland, so fällt auf, daß hier der früher überall beliebte Kirmesbrauch noch stark erhalten ist. Große Kirmesbäume mit bunten Bändern vor und in den Gaststätten laden zum geselligen Beisammensein und zum Tanz ein. Wichtiger Bestandteil solch einer Kirmesfeier ist der »Emmes«, der Imbiß. Große Schilder »Heute Spanferkel am Spieß« oder »Spießbraten« sind Anziehungspunkte, nicht nur für Einzelgänger, sondern auch hauptsächlich für Familien und ihre Freunde. Aber nicht nur an den Kirmestagen, sondern auch an den vielen Familienfesten, die im Sommer noch draußen an langen Tischen gefeiert werden, sind Spanferkel am Spieß und Spießbratenessen Tradition und Attraktion. Das Spanferkel am Spieß bereitet man so zu:

1 ganzes Spanferkel, Salz, Pfeffer
Füllung: 2 kg Kartoffeln, 500 g nicht zu fetter Schweinebauch, 125 g Leber, 2 Zwiebeln, viel Majoran, Salz, Pfeffer

Das Spanferkel salzen und pfeffern und wie im vorherigen Rezept 1 Stunde lang vorkochen. In der Zwischenzeit wird die Füllung zubereitet. Dazu werden die Kartoffeln geschält und gekocht. Der Schweinebauch wird ebenfalls gekocht, sollte aber nicht zu weich sein. Nach dem Erkalten schneidet man das Fleisch und die Kartoffeln in kleine Würfel. Die Zwiebeln werden ebenfalls würfelig geschnitten, in etwas Fett goldgelb gebraten und zu den Kartoffeln gegeben. Die rohe Leber wird durch den Fleischwolf gedreht und unter die übrigen Zutaten gemengt. Man gibt soviel Fleischbrühe zu, daß die Füllung ein geschmeidiger Brei ist. Man würzt mit Pfeffer, Salz und reichlich Majoran. Das vorgekochte Spanferkel wird mit diesem Brei gefüllt, zugenäht und an einen großen Spieß gesteckt. Unter ständigem Drehen des Spießes brät das Spanferkel in etwa $2\frac{1}{2}$ Stunden über der Holzkohle. Damit die Kruste besonders schön knusprig und braun wird, pinselt man sie zu Ende der Bratzeit einige Male mit Bier ein. Dazu trinkt man Federweißen oder Viez.
Tip: Wenn Sie keinen großen Spieß besitzen, lassen Sie das Spanferkel doch bei Ihrem Bäcker braten.
Will man Majorankartoffeln zu dem Spanferkelschinken essen, so muß der Brei noch etwa 10 Minuten bei kleiner Flamme köcheln, damit die Leber gar wird. Mit diesen Majorankartoffeln füllt man an der Saar häufig auch eine Gans. Dabei muß man darauf achten, daß man für die Füllung einer Gans eine geringere Menge braucht.

Zum 50.
von Wolfgang
machen!

Spießbraten

1 ½ kg Rindfleisch vom Bug, 250 g Dürrfleisch, 500 g Zwiebeln, 1 Bund Petersilie, Salz, Pfeffer, Maggi –
Marinade: 1 Flasche Rotwein, 2 Lorbeerblätter, 10 Nelken, 1 Bund Suppengrün, je 10 zerstoßene Wacholderbeeren und Pfefferkörner

Das Fleischstück wird zu einer großen flachen Scheibe aufgeschnitten. Das Dürrfleisch in dünne Scheiben schneiden und auf dem Fleisch verteilen. Die Zwiebeln würfeln und das Fleisch dick damit belegen. Salzen und pfeffern und mit einigen Spritzern Maggi würzen. Nachdem man die feingehackte Petersilie darüber gestreut hat, wird die Fleischscheibe aufgerollt und mit Band umwickelt. Aus den übrigen Zutaten eine Marinade herstellen und die Rolle 24 Stunden darin ziehen lassen. Am anderen Tag herausnehmen, abtrocknen, salzen und pfeffern und in einer Gußpfanne 1 ½ Stunden im Backofen vorbraten. Sodann wird der Rollbraten auf einen Spieß gesteckt und über dem Holzkohlenfeuer unter ständigem Drehen noch einmal 1 Stunde lang knusprig braun gebraten.
Der fertige Braten wird mit Sauce gereicht. Diese gewinnt man aus dem Bratensaft aus der Pfanne. Er wird mit ¼ l Rotwein abgelöscht, aufgekocht und mit Mehl angedickt. Abgeschmeckt wird mit Salz, Pfeffer und Maggi. Dazu reicht man Brot oder Kartoffelsalat. Ein gut gekühltes Saarbier gehört unbedingt dazu.
Varianten:

1. Das Fleisch mit Meerrettich oder Majoran einreiben.
2. Statt Rindfleisch Schweinefleisch nehmen, und statt mit Petersilie mit Muskat bestreuen.

Franz mag am liebsten Kartoffelsalat!

Bierbraten

1 kg Rindfleisch vom Bug, 10–15 Speckstreifen zum Spicken, 1 kleine Flasche helles Bier, 50 g Margarine oder Bratfett, 1 Bund Suppengrün, 1 Zwiebel, Salz, Pfeffer, Zucker, Maggi, 1 EL Mehl zum Andicken der Sauce, 1 Gewürzgurke

Das Fleisch mit den Speckstreifen spicken und mit Salz und Pfeffer einreiben. In heißem Fett schön braun anbraten. Das kleingeschnittene Suppengrün und die gewürfelte Zwiebel kurz mit anbraten, dann den Braten mit dem Bier ablöschen und weichschmoren. Ist das Bier zu sehr eingekocht, gießt man etwas heißes Wasser zu. Nach Beendigung der Bratzeit das Fleisch herausnehmen und warmstellen.
Die Sauce wird mit dem Mehl abgebunden und mit den Gewürzen und dem Zucker pikant süß-sauer abgeschmeckt. Die Gurke würfeln und in der Sauce ziehen lassen. – Das Fleisch in Scheiben schneiden, auf eine Platte legen und mit einer Kelle Sauce begießen.
Dazu ißt man Stupperte (s. S. 70) und junges Gemüse wie z.B. frisch gedöppte Erbsen oder abgefädelte Bohnen.

Gefüllte Kalbsbrust

1 1/2 kg ausgelöste Kalbsbrust, 4 feine Bratwürste, 2 Wecken oder 3 Brötchen, 1 EL Butter, 3 Eier, Salz und Pfeffer zum Nachwürzen, 1 kleine Dose 10 %ige Milch, 40 g Margarine

Kräftig würzen!

Man läßt sich vom Metzger eine Tasche in das Fleisch schneiden. Die Wecken würfeln und in der Butter goldgelb rösten. Die Bratwurstmasse aus dem Darm drücken und mit den Weckwürfeln vermengen. Eier mit einer halben Dose Milch verschlagen und in die Masse arbeiten. Falls nötig, würzt man jetzt mit Pfeffer und Salz nach. In die Tasche füllen, zunähen und von außen mit Butter einpinseln. In die Fettpfanne oder auf den Rost des Backofens legen. Bei 250° etwa 1 1/2 Stunden auf der unteren Schiene schmoren lassen, dabei häufig mit Dosenmilch bestreichen. Den Bratensatz löscht man mit etwas Wasser ab und bindet ihn mit dem Rest der Milch.
Das Fleisch wird warm zu Kartoffeln und Spargel gereicht. Reste sind ein willkommener kalter Aufschnitt zu Brot.
Variante:
Statt Bratwurst 3 hartgekochte gehackte Eier, 250 g Hackfleisch und 1 Bund gehackte Petersilie einfüllen.

Gefüllte Rinderbrust

1 ½ kg ausgelöste Rinderbrust, 500 g Hackfleisch vom Rind, ½ TL Thymian, ½ TL Majoran, Salz, Pfeffer, Muskat, 1 Bund Petersilie, Fett zum Braten, ¼ l Fleischbrühe zum Ablöschen

Vom Metzger eine Tasche ins Fleisch schneiden lassen. Hackfleisch mit den Gewürzen, dem Salz und der gehackten Petersilie gut vermengen, in die Tasche füllen und zunähen. Den Braten rundum salzen und in Fett schön braun anbraten. Mit etwas Fleischbrühe ablöschen und in den vorgeheizten Backofen schieben. Bei 250° auf der unteren Schiene etwa 2 Stunden garen. Öfter mit Fleischbrühe begießen. Sollte der Braten vorzeitig dunkel und trocken werden, deckt man ihn mit Alufolie ab.

Den Bratenfond mit Salz und Pfeffer abschmecken und evtl. mit etwas Sahne abbinden.

Mit Blechgrumbeere (s. S. 66) und Spargel oder frischen Hallimaschs (s. S. 76) ist die gefüllte Rinderbrust ein richtiges Festessen.

Tip: Als Suppe vorweg Reissuppe (s. S. 10), als Nachtisch Weincreme (s. S. 91) und zum Kaffee Kranzkuchen (s. S. 98).

Gefüllter Schweinebauch

Ein besonders typisches Gericht ist der gefüllte Schweinebauch. Er wird auf die gleiche Weise wie die gefüllte Rinderbrust zubereitet. Auch dazu ißt man Blechgrumbeere, als Gemüse aber Rotkraut oder Rosenkohl.

Schwenkbraten

Im Saarland ist Schwenkbraten ein vielumschwärmtes Gericht. Im Sommer wird draußen »geschwenkt«, und im Winter trifft man sich dazu in den Gaststätten, die einen dafür geeigneten Kamin haben. Um das Gericht zuzubereiten, braucht es einiger Vorbereitungen und Vorrichtungen. Laden Sie Ihre Gäste doch

einmal statt zu einem Grillabend zu einem Schwenkbratenessen ein. Sie brauchen dazu eine Teppich- oder Turnstange, daran hängen Sie einen an drei Ketten befestigten runden Gitterrost. Unter dem Rost werden Buchenscheite aufgehäufelt, die man zum Braten anzündet und über die man den Rost hin und her schwenkt. Alle sitzen wie bei einem Lagerfeuer um diesen Rost herum und schauen beim Schwenken zu.
Das Besondere der Zubereitung des Fleisches liegt in der Würzbeize:

Pro Person rechnet man ein dickes ausgebeintes Nackenkotelett.
Für die Würzbeize rechnet man auf 10 Koteletts 1 kg Zwiebeln in Scheiben geschnitten, Salz, Pfeffer, 1 EL gerebbelter Thymian, 1 EL Oregano, 4 Knoblauchzehen, einige zerriebene Lorbeerblätter, 1 TL Nelkenpulver, 15 zerstampfte Wacholderbeeren, 1 TL Pimentpulver

Das Fleisch mit Salz einreiben, die übrigen Gewürze in einem Schüsselchen mischen. Man schichtet in eine weite Schüssel abwechselnd eine Lage Zwiebelscheiben, eine Lage Würzmischung, eine Lage Fleisch, wobei die letzte Lage Zwiebelscheiben sein soll. 12–24 Stunden zugedeckt ziehen lassen. Am anderen Abend das Holz anzünden und den gefetteten Rost gut erhitzen. Darauf legt man die aus der Würzbeize genommenen Fleischstücke und schwenkt sie durch die Flammen. Zwiebeln, die evtl. noch haften geblieben sind, wirft man in das Feuer. Jeder Rost wird etwa 1/2 Stunde lang – je nach Stärke der Fleischstücke – geschwenkt. In der Zeit wird das Fleisch einmal gewendet. Damit Ihnen der Braten gut bekommt und die Wartezeit darauf nicht zu lang wird, trinken Sie einen guten Obstler vorweg und reichen zum Braten dann nur noch Weißbrot und Bier.
Ein elegantes Essen wird daraus, wenn Sie verschiedene Gemüsesalate und einen kräftigen Rotwein dazu servieren.

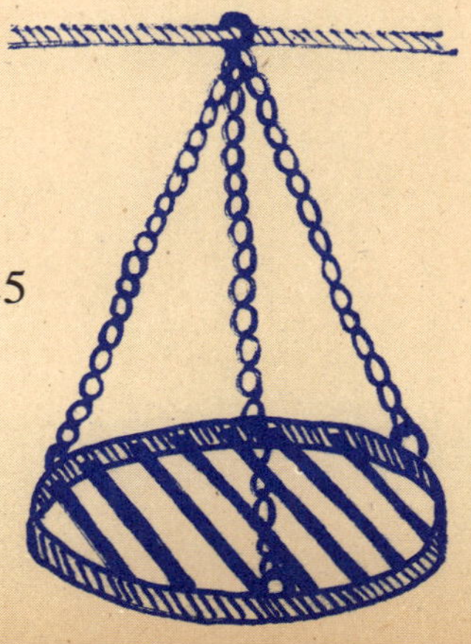

Kalbsfüße in Majoransauce

4 Kalbsfüße, 2 l Salzwasser, 1 TL getrockneter Majoran, 2 EL Mehl, 50 g Margarine, Salz, Pfeffer, Muskat, Maggi

In das kochende Salzwasser streut man einen TL Majoran und gibt die Kalbsfüße zu. In dieser Brühe kocht man sie weich, nimmt sie heraus und schält das Fleisch von den Knochen. Man hält es in etwas Brühe warm. Währenddessen bereitet man die Sauce:
Butter auslassen, das Mehl darin braun rösten und mit soviel Majoranbrühe ablöschen, daß eine sämige Sauce entsteht. Das Fleisch aus der Brühe nehmen, in die Sauce geben und alles zusammen mit den Gewürzen abschmecken.

Gebackene Kalbsfüße

4 Kalbsfüße, 2 l Salzwasser, 1 Bund Suppengrün, einige Tropfen Essig, 1 Ei, Paniermehl, Salz, Pfeffer, 50 g Margarine

Besonders zart im Frühjahr

Die Kalbsfüße in dem Salzwasser, das mit dem Suppengrün angereichert ist, gar kochen. Das Fleisch von den Knochen lösen und in große Stücke schneiden. Man legt sie in eine weite Schüssel und beträufelt sie mit Essig. 30 Minuten ziehen lassen. Danach wendet man die Stücke zuerst in verschlagenem Ei, dann in Paniermehl und backt sie in heißem Fett goldbraun aus.
Sie werden zu Sauerkraut und »iwwer die Platt' Geschmelzde« (s.S. 65) gegessen.

Sauerfleisch

Heute wird vornehmlich zu diesem Braten Rindfleisch genommen, früher aber – aus Sparsamkeitsgründen – zartes mageres Fohlenfleisch.

1 kg Rindfleisch (Beinscheibe)
Marinade:
½ l Essig, ½ l Wasser, 1 TL Salz, 500 g Zwiebeln – in Scheiben geschnitten, 10 Pfefferkörner,

3 Gewürznelken, 3 Lorbeerblätter, 4 Wacholderbeeren, 2 TL Senfkörner
zum Braten:
100 g Fett, 1 dicke Scheibe Roggenbrot, 1 TL Zucker

Das Fleisch in faustgroße Stücke schneiden, in die kalt zubereitete Marinade geben und 5 Tage darin ziehen lassen. Häufig wenden. Zum Braten die Fleischstücke trocken tupfen, salzen und pfeffern und in das heiße Fett geben. Die abgetropften Zwiebeln aus der Marinade zugeben, mit etwas Marinade und etwas Wasser ablöschen. Das kleingebröckelte Brot zugeben und das Fleisch 75 Minuten schmoren lassen. Ab und zu etwas Flüssigkeit zugießen. Zum Schluß schmeckt man mit Salz, Pfeffer und Zucker ab und gibt es mit Semmelknepp oder Schneebällcher (s. S. 69) zu Tisch.

Köstlich! Vatis Lieblingstopf!

Saarbrücker Fleischpastete

Füllung:
350 g Schweinekamm, 350 g Rindfleisch vom Bug, 350 g Kalbfleisch vom Bug (oder 1 kg Schweinekamm)
Beize:
1/2 l Weißwein, 1/2 l Essig, 1 große Zwiebel, 1 großes Lorbeerblatt, 8 Nelken, 10 zerstampfte Wacholderbeeren, je 1 kleiner TL Koriander und schwarze Pfefferkörner
Hefeteig:
250 g Mehl, 20 g Hefe, 1 TL Zucker, 1/16 l warme Milch, 60 g zerlassene Butter, 1 Ei, 1 Prise Salz
Außerdem: 250 g feine Bratwurst, 3 EL Paniermehl, 1/2 TL Salz, 1/2 TL weißer Pfeffer, etwas geriebene Mazisblüte, 1/4 l saure Sahne, 1 Eigelb

Das Fleisch waschen und in 2 cm kleine Stücke schneiden. Aus den Beizzutaten eine würzige Marinade herstellen und die Fleischwürfel etwa 24 Stunden darin einlegen. Einen Hefeteig nach dem Grundrezept (s.S. 96) herstellen, diesen in zwei gleich große Portionen teilen und ausrollen. Die untere Platte etwas größer ausrollen, da sie den Rand für die Pastete mitbildet. Eine

Pasteten- oder Springform von 20 cm Ø wird gefettet und mit der größeren Platte ausgelegt. Den Rand drückt man hoch und fest an. Etwas Paniermehl einstreuen. Die abgetrockneten Fleischstücke, die Bratwurstfülle und der Rest des Paniermehls werden miteinander vermengt und in die Form gefüllt. Die saure Sahne wird schaumig geschlagen und darüber gegossen. Nun legt man den Teigdeckel auf, bestreicht ihn mit Eigelb und ritzt mit einem Messer kleine Einschnitte hinein. Bei 200° etwa 1 1/2 Stunden auf der mittleren Schiene im vorgeheizten Backofen abbacken. Sollte die Oberfläche zu dunkel werden, deckt man sie zwischenzeitlich mit Alufolie ab. Die Pastete wird sofort nach dem Abbacken serviert. Man schneidet sie dazu in Tortenstücke und ißt sie mit grünem Salat.
Als Getränk paßt dazu gut ein süffiger Saarwein.

Fleischklöße in Specksauce

Klöße:
250 g mageres Hackfleisch vom Rind, 125 g Dürrfleisch, 3 Zwiebeln, 1 Weck oder 1 1/2 Brötchen, Salz, Pfeffer, Majoran, 1 Knoblauchzehe, 1 Ei, 1 l Salzwasser

Weck in etwas Wasser einweichen, ausdrücken und mit dem Ei und den Gewürzen unter das Hackfleisch mengen. Dürrfleisch und Zwiebeln sehr fein würfeln, goldgelb ausbraten und ebenfalls in das Hackfleisch kneten. Mittelgroße Klöße formen, 20 Minuten in Salzwasser gar ziehen lassen. Anschließend in einer Specksauce zu Tisch geben.

Ganz schön kräftig

Starke Männer mögen auch Brot dazu!

Specksauce

50 g fetter Speck, 1/8 l Sahne, 1 Prise Salz

Der Speck wird gewürfelt, in der Pfanne ausgelassen und mit Sahne zu einer Sauce gebunden. Mit Salz nachwürzen.
Weil diese Klöße sehr kalorienreich und mächtig sind, ißt man dazu nur gekochtes Sauerkraut.

Falsche Lewwerknepp

Leberklöße findet man in fast allen deutschen Landschaften. Sie werden im Saarland nicht anders zubereitet als z.B. in Schwaben, werden aber kleiner geformt und in Specksauce (s. voriges Rezept) angerichtet. Typischer jedoch und häufiger zu finden sind »Falsche Lewwerknepp«.

250 g Hackfleisch, 250 g Leberwurst, 1 Ei, 1 Brötchen, etwas Salz und Majoran, Salzwasser

Das Hackfleisch mit der Leberwurst, dem Ei und Salz verkneten. Das Brötchen in etwas Milch einweichen, ausdrücken und unterkneten. Würzen, mit dem Eßlöffel Klöße abstechen und in das kochende Salzwasser gleiten lassen. 15 Minuten gar ziehen lassen, mit der Schöpfkelle herausnehmen und mit Specksauce übergießen. Auch zu diesen »Lewwerknepp« gibt es nur gekochtes Sauerkraut.
Die Brühe der Lewwerknepp ergibt eine wunderbare Suppe. Reste der Klöße kann man in die Suppe schneiden, oder aber – in Scheiben geschnitten – in der Pfanne braten und mit viel Salat als vollständiges Abendbrot reichen.

Zwiebelbraten aus Saarlouis

Ilses Lieblingsrezept

1 kg Zwiebeln, 375 g Pfälzer Leberwurst zum Braten, 2 Eier, 2 EL Milch, Pfeffer, Muskat, Majoran, Salz, Maggi, 2 EL Butter

Die Zwiebeln schälen und in Scheiben schneiden. In einem nicht zu großen, ovalen Gußbräter die Butter auslassen und die Zwiebeln darin anbraten. Unter häufigem Wenden goldgelb werden lassen. Erst jetzt kommt die in feine Scheiben geschnittene Leberwurst dazu, die ebenfalls durchbraten muß. Die Eier mit der Milch verquirlen, darüber gießen, Deckel auflegen und stocken lassen. Diesen »Braten« auf eine Platte stürzen.

Für Sepp zubereiten!

Saure Lyoner

1 Ring Lyoner
Salatsauce: 6 EL Essig, 2 EL Wasser, 4 EL Öl, Salz, Pfeffer, 1 Prise Zucker, viel Petersilie, 2 Zwiebeln

Die Lyoner wird in 7 cm große Stücke geschnitten und abgepellt. Die Stücke werden der Länge nach durchgeschnitten und mit der Schnittfläche nach unten auf ein Brettchen gelegt. Die Wurststücke einige Male quer einschneiden, aber nicht durchschneiden. Aus den obigen Zutaten eine französische Salatsauce anrühren und über die, in eine Salatschüssel geschichteten Lyoner gießen. Gut durchziehen lassen.

Saurer Schwartemagen, auch Schwartemagen mit Musik genannt

500 g Schwartenmagen (s. S. 43), 500 g Zwiebeln, einige Gewürzgurken, frisch gemahlener schwarzer Pfeffer
Salatsauce:
6 EL Essig, 2 EL Wasser, 4 EL Öl, Salz, Pfeffer

Der Schwartemagen wird in 10 mm dicke Scheiben geschnitten. Die Zwiebeln ebenfalls in Scheibchen schneiden und dann halbieren. Schwartemagen und Zwiebelscheiben werden schichtweise in eine große Schüssel gelegt und mit der Salatsauce mariniert.
Garnieren mit in Scheiben geschnittenen Gewürzgurken.
Jede Portion wird nach Geschmack erst auf dem Teller mit frisch gemahlenem schwarzen Pfeffer bestreut.

Ziegenbraten nach Großmutters Rezept

Fast jeder Haushalt hielt früher seine Ziege, die sogenannte Bergmannskuh, deren Milch als Grundlage für viele Gerichte diente. Jedoch wußte man auch das Fleisch gut zu nutzen.
Man verarbeitete es zusammen mit Schweinefleisch zu Hartwurst oder aber wie folgt:

»Der Ziegenrücken wird kurz mit kochendem Wasser übergossen, im heißen Backofen angebraten, gesalzen und unter fleißigem Begießen halb gar gebraten. Während dieser Zeit dämpft man kleingeschnittene Petersilie und Schnittlauch in etwas Butter, nimmt den halbfertigen Braten aus dem Ofen und schneidet ihn mehrmals ein. In jeden Schnitt füllt man etwas Kräuterfarce, gibt den Braten in den Ofen zurück und läßt ihn fertig garen. Der Bratensatz wird mit etwas Sahne gebunden und mit Pfeffer scharf abgeschmeckt.
Statt des Rückens kann man auch eine Keule nehmen, die allerdings länger braten muß.«
Das süßliche Fleisch der Ziegen ist nicht jedermanns Sache; wegen seiner leichten Verdaulichkeit diente es aber häufig als Krankennahrung.

Notizen & weitere Rezepte:

Notizen & weitere Rezepte:

fig. 3

Innereien

Gefüllte Leber

Dieses Rezept ist eigentlich für Kalbsleber vorgesehen. Falls Sie aber keine Kalbsleber bekommen, können Sie das Gericht auch mit Schweineleber zubereiten.

Peterling debei, awwer net so viel!

750 g Leber am Stück, 3 Eier, 3 EL Milch, 1 EL gehackte Petersilie, Salz, Pfeffer, Muskat, 2 EL Mehl, 1 EL Margarine, 125 g fetter Speck, 5 zerstoßene Wacholderbeeren, $^1/_4$ l Fleischbrühe, $^1/_8$ l Sahne

Die Leber waschen, abtrocknen und mit einem spitzen, scharfen Messer eine Tasche hineinschneiden.
Nun verrührt man die Eier mit Milch, Muskat, Salz und gehackter Petersilie und läßt sie in heißem Fett zu Rührei stocken. Darauf achten, daß das Rührei nicht zu fest ist. Damit füllt man die Leber, näht sie zu, pudert sie mit Pfeffer und wälzt sie auf beiden Seiten durch Mehl. Nun läßt man den gewürfelten Speck aus und brät darin die Leber mit den Wacholderbeeren. Ist sie schön braun, löscht man sie mit Fleischbrühe ab und gart sie weich. Aus dem Bratensatz bereitet man unter Zufügen der Sahne eine leichte Sauce, die aber noch mit Salz und Pfeffer abgeschmeckt werden muß.
Die Leber in Scheiben schneiden und zu »Gedrickte Grumbeere« – das ist Kartoffelbrei – und Rupfsalat (s. S. 79) servieren.

Lungenmus (Geling)

Original-Sparrezept aus einem alten Saarländer Kochbuch:

1 Pfund Geling	*30 Pfg.*
1 EL Fett	*6 Pfg.*
3 EL Mehl	*3 Pfg.*
Salz, Pfeffer, Essig, Suppengrün	*2 Pfg.*
	41 Pfg.

»Das Geling wird gewaschen und wie Rindfleisch mit Suppengrün gekocht. Dann wird es fein gewiegt oder in kleine Würfel geschnitten. Dann bereitet man eine helle Grundsauce, würzt mit Salz und Pfeffer, gibt das gehackte Fleisch zu und läßt es einigemal aufkochen. Nach Geschmack gibt man etwas Essig und Majoran bei.«

Für Traudel kochen!

Eingelegte Flauzen

Eingelegte Flauzen, das ist Kuhpansen, stehen in fast jeder Gaststätte in großen Gläsern hinter der Theke. Man kann sie portionsweise mit Brot bestellen. Ebenso häufig findet man daneben aber auch Gläser mit Ochsenmaulsalat, der auf die gleiche Weise zubereitet ist.

Wenn Sie die Flauzen selber einlegen wollen, ist es ratsam, sie schon abgekocht beim Metzger zu kaufen, weil die Vorarbeiten viel Mühe und Zeit kosten.

Die Flausen werden dann noch $1\frac{1}{2}$ Stunden gekocht. Danach werden sie in feine Streifen geschnitten, abwechselnd mit viel Zwiebelscheiben in ein Glas geschichtet und mit folgender Sauce übergossen:

4 EL Öl, 6 EL Essig, 2 EL Wasser, Salz, viel Pfeffer – 3 Tage ziehen lassen.

Variante:
Nelken und Lorbeerblätter mit einschichten.

Notizen & weitere Rezepte:

Notizen & weitere Rezepte:

fig. 4

Hausschlachtungen

Solberfleisch

Solberfleisch ist von jeher sehr beliebt gewesen, nicht nur weil das Pökeln eine gute Konservierungsmöglichkeit für frisches Fleisch bot, sondern weil das Schweinefleisch – leicht gepökelt – herzhafter schmeckt.
Probieren Sie doch auch einmal, frisches Schweinefleisch einige Tage in diese Sole zu legen!

Auf 1 l Wasser gehören:
2 Hände Pökelsalz, 20 Wacholderbeeren, 3 Lorbeerblätter, 1 Knoblauchzehe, 10 Pfefferkörner

Alle Zutaten aufkochen und erkalten lassen. Je nach Fleischstärke legt man die Stücke 2 Tage bis 4 Wochen ein und wässert sie anschließend in lauwarmem Wasser zwischen 6 und 12 Stunden. Einige Fleischstücke, z.B. Kasseler, gewinnen an Aroma, wenn man sie kurz räuchert.
Solberfleisch kocht man zusammen mit Sauerkraut, Kappes oder sauren Bohnen und wird mit Püree gegessen.

Leberwurst/Blutwurst

.... unn stemme Blut-worscht met eener Hand!

Das Zubereiten von Leberwurst und Blutwurst beruht auf den gleichen Grundrezepten, wonach in allen deutschen Landschaften gewurstet wird. Das Besondere an der Saarländer Wurst aber ist, daß
a) Leberwurst noch mit Bohnenkraut, Pfeffer, Muskat und Maggi angereichert wird,
b) Blutwurst mit Zimt und Zucker, Muskat, Pfeffer, Maggi, Nelkenpulver und Dosenmilch zusätzlich gewürzt wird.
Die Würste werden in kurze, dünne Därme gefüllt und im großen Kessel wie üblich gekocht.

Bohnen-kraut nicht vergessen!

Schwartemagen, wie ihn Werner Ludes aus Neunkirchen macht

1 großes Stück Schweineschwarte, 2 Stücke Dickbein (Eisbein), 1 Kopf (Backe) vom Schwein, 2 l Wasser, 1 Bund Suppengrün, 2 Stengel Maggikraut (Liebstöckel), Restefleisch z. B. von Knochen abgesucht, 1 kg Zwiebeln, 2 Knoblauchzehen, etwas Pökelsalz, Kümmel, viel Koriander, wenig Bohnenkraut, Majoran, Muskat, Maggi, gemahlener weißer Pfeffer

Das Mischungsverhältnis von vorgekochtem und rohem Fleisch sollte 3:1 sein. Alles Fleisch vor dem Weiterverarbeiten 1 Tag in Sole (s. Solberfleisch) legen. Eisbein, Schwarten und Backe werden 30 Minuten lang mit dem Suppengrün vorgekocht.
Man schneidet das gekochte und rohe Fleisch in Würfel, mengt die gewürfelten Zwiebeln, die zerdrückten Knoblauchzehen unter und würzt mit Salz und allen übrigen Gewürzen sehr scharf ab. Es wird soviel durchgesiebte Brühe angeschüttet, daß das Fleisch knapp damit bedeckt ist. Umrühren und mit einer Suppenkelle in Kunstdärme füllen. Diese dürfen nur 3/4 gefüllt sein, da sie sonst beim Kochen platzen. 2 Stunden lang kochen lassen und sofort in kaltem Wasser abschrecken. Die Würste auf den Tisch legen, stuppen (pressen), mit einer Nadel einstechen, damit die Luft entweicht, und evtl. sogar neu binden. Alle 15 Minuten drehen und durchwalken, bis man merkt, daß die Wurst fest wird.
Wer Schwartemagen pikanter im Geschmack haben will, kann die Würste nach dem Auskühlen noch kurz in den Rauch hängen.

Budeng

2 1/2 kg mageres, gekochtes Schweinefleisch, 1 l angewärmtes Blut, 750 g gekochte Schwarten, 1 abgekochter Kappes, 5 abgekochte Stangen Lauch, 4 rohe Zwiebeln, Pfeffer, Muskat, Salz, etwas Bohnenkraut, Majoran, Koriander, 2 Spritzer Maggi

Alle Zutaten werden durch die feine Scheibe des Fleischwolfs gedreht und mit dem Blut vermischt. Wer die Wurst strecken will, gibt mehr Blut zu. Mit den Gewürzen abschmecken, in Naturdärme füllen, als Ringe formen und abbinden. 30 Minuten in kochendem Wasser ziehen lassen, abschrecken und zum Trocknen aufhängen. Erkaltet wird sie in die Pfanne gelegt und gebraten. Mit Sauerkraut und Püree gegessen, schwärmen die Saarländer von ihrem Schlacht-Budeng.

Gefüllter Saumagen

Der gefüllte Saumagen ist eigentlich eine Pfälzer Spezialität, er ist aber durch seine übergroße Beliebtheit in dem angrenzenden Saarland fest eingebürgert.
In einem alten Gedichtband fanden wir Karl August Wolls »Saumagenlied«.

». . . Doch es geht mir über alles stets der Magen einer Sau;
gut gefüllt, wie sichs gebühret, hergerichtet mit Verstand,
ißt ihn froh bei Weib und Kinde jeder Unterthan im Land!
Und es stimmt der Leberlober, Wurst- und Schnußverehrer ein:
Saumagen ist das Beste, dieser Füllsel-Edelstein!«

Kartoffelbrei nicht vergessen!

1 Schweinemagen
Füllung: 500 g Dürrfleisch, 500 g magerer Schweinebauch, 500 g Bratwurstmasse, 500 g Kartoffeln, 2 Zwiebeln, Majoran, Thymian, Nelkenpulver, Salz, Pfeffer

Man bestellt beim Metzger einen fertig gereinigten Schweinemagen. Das Dürrfleisch und der Schweinebauch werden in $^1/_2$ cm große Würfel geschnitten. Die Kartoffeln schälen, waschen und ebenfalls in $^1/_2$ cm große Würfel schneiden. Diese Zutaten mit der Bratwurstmasse, den Zwiebelwürfeln und den Gewürzen verkneten und pikant abschmecken. Locker in den Saumagen füllen und diesen zunähen. In kochendes Wasser geben und bei mäßiger Hitze (80°) 4 Stunden lang ziehen lassen. In kaltem Wasser abschrecken und zum Auskühlen an die frische Luft hängen. Zum Braten in Scheiben schneiden und mit Sauerkraut zu Tisch bringen. Dazu ein kräftiges Bier.

Sülze

Diese Sülze hebt sich von der üblichen Zubereitung in der Weise ab, daß das Fleisch durch den Wolf gedreht wird und nicht gesäuert ist.

4 Schweinsfüße, 4 Schweinsöhrchen, 500 g Rindfleisch (Beinscheibe), 1 Bund Suppengrün, 1 1/2 l Wasser, 2 Lorbeerblätter, 3 Nelken, 1/2 TL Thymian, 1/2 TL Majoran, etwas Maggi, Salz und Pfeffer

Das Fleisch wird in kochendem Wasser zusammen mit dem Suppengrün, den Lorbeerblättern und den Nelken angesetzt und sehr weich gekocht. Das Fleisch von den Knochen lösen und durch die feine Scheibe des Fleischwolfs drehen. Mit soviel Brühe aufkochen, daß die Fleischmasse schön breiig ist. Mit den Gewürzen abschmecken und zum Gelieren in eine Schüssel gleiten lassen. Kalt in Scheiben schneiden und zur »Schmeer« essen.
Tip: Wenn Sie die Sülze nachträglich säuern wollen, dann essen Sie sie wie »Schwartemagen mit Musik«, s. S. 30.

Lecker mit kleinen Gürkchen!

Bratwurst

Laden Sie doch einmal zum Bratwurstessen ein! Sie können diese Würste zubereiten, ohne gerade geschlachtet zu haben.

5 kg nicht zu fettes Schweinefleisch, 2 Zwiebeln, 2 Bund Petersilie, 5 Eier, 1/8 l Sahne, Bratwurstgewürz nach Geschmack, einige Spritzer Maggi, Salz

Das Fleisch, die geschälten Zwiebeln und die gewaschene Petersilie durch die grobe Scheibe des Fleischwolfs drehen. Die Eier, die Sahne und die Gewürze gut mit durchkneten. In schmale Naturdärme füllen. Vor dem Braten die Wurst 10 Minuten lang kochen, abtrocknen und dann erst mit viel Zwiebelscheiben in einer großen Pfanne braten. Dazu reichen Sie Wecken oder knackige Salate. Und vor allem: vergessen Sie die Obstler und Bierchen nicht!

Notizen & weitere Rezepte:

Gedenke meiner nah und fern,
Gedenke meiner oft und gern,
Gedenke meiner noch viel Jahr,
wo wir so oft beisammen war'n,
Tag über Jahre vergeh'n,
wer weiß wann wir uns wiederseh'n!

Notizen & weitere Rezepte:

fig. 5

Wild- und Kaninchengerichte

Das Saarland wird nicht nur durch seine Industrie geprägt, sondern in starkem Maße auch durch seinen Wald. Felder, Wald und Wohngebiete gehen ineinander über und bilden den Lebensraum der Saarländer. Vor der Industrialisierung war der Wald für alle eine preiswerte Quelle zur Bereicherung des täglichen Speisezettels, z.B. durch die Pilze, die »Wähle« und besonders durch das reichhaltige Angebot an Wild. Hier einige typische, aber nicht alltägliche Wildrezepte.

Wildschweinkeule mit Kirschsauce

Süßlich abschmecken

1 mittelgroße Wildschweinkeule, Salz, Pfeffer, 6 Wacholderbeeren, 2 Lorbeerblätter, 1 Zwiebel, 3 Nelken, Fett zum Braten, 1/2 l Rotwein, Mehl zum Andicken der Sauce, 2 EL Kirschmarmelade oder -gelee.

Die Keule ausbeinen und entschwarten, mit Salz und Pfeffer einreiben und in die gefettete Pfanne des Backofens legen. Im Rohr scharf anbraten, mit Rotwein übergießen und den Fond mit zerstoßenen Wacholderbeeren, mit der Zwiebel, den zerbröckelten Lorbeerblättern und den Nelken würzen. Etwa 90 Minuten braten. Den Bratfond mit dem Rest Rotwein ablöschen, mit Mehl andicken und mit der Kirschmarmelade abschmecken. Die Sauce sollte kräftig und süß schmecken.
Das Fleisch in Scheiben schneiden und mit etwas Sauce begießen. Reichen Sie dazu Buwespitzle (s. S. 69) und Apfelmus oder Wählekompott (s. S. 87).

Hasenragout

1 Hase, bratfertig, 2 Zwiebeln, 100 g Dürrfleisch, 40 g Bratfett, 1 Lorbeerblatt, 5 Wacholderbeeren, 1/2 l Rotwein, 2 EL Pflaumenmus, 2 EL Paniermehl, Salz, Pfeffer, etwas Mehl

Den Hasen in große Stücke teilen, salzen, pfeffern und in Mehl wenden. Dürrfleisch würfeln. Das Fett im Gußbräter zerlassen. Den Hasen darin anbraten und die Speckwürfel darin auslassen.

Kurz vor Beendigung der Bratzeit gibt man das zerkrümelte Lorbeerblatt und die zerstoßenen Wacholderbeeren dazu und löscht dann mit dem Rotwein ab. Die Hasenteile schmoren lassen, bis sie fast weich sind. Dann erst das Pflaumenmus zugeben und mitköcheln lassen.
Vorsicht, brennt leicht an! Dieser kräftige Bratensatz wird nicht mit Mehl angedickt, sondern mit Paniermehl. Sollte die Flüssigkeit zwischendurch zu stark einkochen, so füllt man noch etwas Rotwein nach.
Beilage: Schneebällcher und Rosenkohl.
Variante: Zum Andicken der Sauce Hasenblut einrühren.

Dibbehas

(das heißt »Hase im Topf«, »Dibbe« bedeutet Topf im Saarländer Dialekt)

1 bratfertiger Hase, 50 g Fett, 500 g Dürrfleisch, 4 Zwiebeln, 1/2 l Fleischbrühe, Salz, 1/2 Knoblauchzehe, 6 Pfefferkörner, 4 Wacholderbeeren, je 1 Messerspitze Thymian, Majoran, Piment, Kümmel, Koriander, Fenchel, 2 Nelken, 2 Lorbeerblätter, 1 1/2 kg Salatkartoffeln, 1 Tasse Blut, etwas Paniermehl

Der Hase wird in handtellergroße Stücke geteilt, gesalzen und mit einigen Scheiben Dürrfleisch, dem Bratfett und 2 Zwiebeln kurz angebraten. Man löscht mit Brühe ab, gibt die Gewürze zu und schmort das Fleisch bei geschlossenem Deckel halbgar. In der Zwischenzeit schält man die Kartoffeln und schneidet sie in dicke Scheiben.
Nach etwa 45 Minuten Schmorzeit füllt man das Gericht in einen gut schließenden Topf, und zwar schichtweise wie folgt:
1 Lage Dürrfleischscheiben, 1 Lage Hasenteile, 1 Lage Zwiebelwürfel, 1 Lage Kartoffelscheiben. Die letzte Lage sollte aus Dürrfleischscheiben bestehen. Den Bratensatz siebt man durch, vermengt ihn mit Blut und Paniermehl und gießt ihn vorsichtig an das Gericht. Deckel auflegen und bei kleiner Flamme fest verschlossen noch etwa 45 Minuten langsam schmoren lassen.

Früher brachte man das Gericht im Topf auf den Tisch. Sie können es aber auch in eine vorgewärmte Schüssel füllen. Es wird ohne weitere Zutaten serviert.

Gefüllte Wildente

Um die Jahrhundertwende waren große Teile des Saarlandes Sumpfgebiete mit zahlreichen Moorteichen. Durch die Flurbereinigung und den Bau von Autobahnen sind diese Gebiete trockengelegt worden. Deshalb gibt es seit der Zeit weniger Flugwild. In den letzten Jahren wurden etliche Stauweiher angelegt, um dem Flugwild einen neuen Lebensraum zu schaffen. – Das folgende Rezept stammt noch aus Großmutters Kochbuch.

Apfelmus dazu ist herrlich !!

4 Wildenten, einige Scheiben Speck, Salz, Pfeffer
Füllung: 2 große säuerliche Äpfel, 4 EL in Rum eingeweichte Rosinen, 4 EL gehackte Mandeln, etwas Ingwerpulver
Zum Braten: 60 g Margarine, 2 Zwiebeln, 4 Wacholderbeeren, $^{1}/_{4}$ l Appelviez, evtl. $^{1}/_{4}$ l Wasser, 2 zerstoßene Zwiebäcke

Die küchenfertigen Wildenten salzen und pfeffern. Die Äpfel schälen, vom Kerngehäuse befreien und in kleine Würfel schneiden. Rosinen, Äpfel und Mandeln gut mischen, mit wenig Ingwerpulver würzen und in die Enten füllen. Diese zunähen, mit Speck umwickeln und mit den Wacholderbeeren rundum anbraten. Kurz vor Ende der Bratzeit gibt man die gewürfelten Zwiebeln zu und löscht mit Appelviez ab. In den vorgeheizten Backofen schieben, bei 225° etwa 45 Minuten schmoren lassen, wobei die Wildenten zwischendurch begossen werden. Sollte die Flüssigkeit zu stark einkochen, wird mit etwas Wasser aufgefüllt. Die fertigen Wildenten werden auf einer Platte warm gestellt. Die Sauce wird mit zerstoßenen Zwiebäcken angedickt. Den Speck von den Enten abnehmen, diese zerteilen, die Fruchtfüllung neben die Enten legen. Die Ententeile mit etwas Sauce überziehen. Dazu Wickelklöße, aber ohne Hackfleischfüllung (s. S. 72).

Hl. Abend machen!

Fasan in Weinbeersauce

2 junge Fasanenhähne, Salz, Pfeffer, einige Speckscheiben, 50 g Dürrfleisch, 50 g Bratfett, 1 große Weißbrotscheibe, 1/2 l Appelviez, 3 EL Weinbeeren, 1/4 l saure Sahne, etwas Mehl zum Binden, Maggi

Die küchenfertigen Hähne salzen, pfeffern und mit Speck umwickeln. Dürrfleisch würfeln, mit dem Fett in einem Gußbräter zerlassen, die Hähne darin anbraten und mit dem Appelviez ablöschen. Das Weißbrot in die Sauce bröckeln, den Topf schließen und 1/2 Stunde braten. Danach die Fasanen umdrehen und die Weinbeeren zugeben. Schmoren lassen, bis das Fleisch weich ist, herausnehmen und halbieren. Die Sauce mit Sahne und Mehl binden. Das Fleisch auf einer großen Platte, mit Weinblättern dekoriert, servieren. Die Sauce extra reichen. Dazu Sauerkraut, in dem man die letzten 10 Minuten einige blaue und grüne Weinbeeren mitgekocht hat, und das man mit Zucker abschmeckt.
Variante: Gleiche Zubereitung für Rebhühner

Rollbraten vom »Stallhasen«

1 Kaninchen (Stallhase), 100 g Dürrfleisch – in Scheiben geschnitten –, 250 g Zwiebeln – in Ringe geschnitten –, Salz, Pfeffer, 1 Bund Petersilie, 60 g Fett zum Braten, 1 Tomate, 1/8 l Sahne, Maggi

Das Kaninchen wird entbeint, mit Speckscheiben und Zwiebelringen belegt, gesalzen und gepfeffert. Nachdem man die gehackte Petersilie darauf verteilt hat, rollt man den Braten und näht ihn zu. Er wird in einer tiefen Gußpfanne in heißem Fett angebraten. Mit Wasser ablöschen und 1 1/2 Stunden schmoren lassen. Besonders gut schmeckt die Sauce nachher, wenn man 1 oder 2 Tomaten mitschmort. Ist das Fleisch weich, nimmt man es heraus und stellt es warm. Die Bratensoße wird mit Sahne gebunden und mit Maggi und Pfeffer kräftig abgeschmeckt.
Das Fleisch in Scheiben schneiden und zu Schneebällcher (s. S. 69) und Rupfsalat (s. S. 79) servieren.
Die viele Mühe des Entbeinens wird beim Essen reichlich entlohnt.

Kaninchen, zu braten auf andere Art

Dieses Rezept stammt aus einem alten Saarländer Kochbuch um die Jahrhundertwende. Hier der Originaltext:

»Das gespickte Kaninchen wird mit Zitronenscheiben und Zwiebeln belegt, Wasser darauf gegossen und Salz hinzugegeben. Ist das Kaninchen fast gar gebraten, so streut man Semmelmehl darauf und gießt saure Sahne daran.«

Notizen & weitere Rezepte:

fig. 6

Fisch

Die Saar und die Blies, die beiden größten Flüsse des Saarlandes, waren immer reich an Fischen. In der Ernährung der Bevölkerung haben sie aber eigentümlicherweise keine besonders große Rolle gespielt. Lediglich die Weißfische werden in den alten Kochbüchern erwähnt. Fragt man die Leute nach Fischrezepten, so erwähnen sie Stockfisch, das ist getrockneter Kabeljau oder Schellfisch, und Hering. Diese Arten aber wurden von den nordischen See-Fischern ins Saarland gebracht. Da es heute modernere Konservierungsmethoden als das Trocknen von Fischen gibt, findet man in unserem Land nur noch ganz selten Stockfisch. Wohl aber sind die in Salz eingelegten Heringe und die Weißfische noch immer sehr beliebt. Anstelle des Stockfisches nimmt man heute frischen oder tiefgekühlten Kabeljau oder Schellfisch.

lecker mit gebackenen Zwiebeln!

Gebackene Weißfische

Weißfische gehören zu der Familie der Karpfen und sind in manchen Gegenden auch unter dem Namen Karpfenfische zu finden. Sie sind kleiner und schmaler als Karpfen und kommen in fließenden Gewässern scharenweise vor.

1 kg Weißfische, 2 Eier, Zitronensaft, Salz, Paniermehl, 100 g Butter

Die Fische putzen und schuppen. Den Kopf abschneiden und ausnehmen. Danach reibt man sie mit Zitronensaft ein, läßt sie eine Weile stehen, salzt sie dann, wendet sie in verschlagenem Ei und in Paniermehl. Man brät sie in der Pfanne von beiden Seiten goldbraun.
Dazu: Stupperte (s.S. 70) und Schnittlauchsalat (s. S. 79).

Weißfische in Essig (Sauerfisch)

Auf diese Weise der Zubereitung wurden gebackene Weißfische gern noch 1 Tag länger haltbar gemacht. Gebackene Fische, die nämlich mittags übrigblieben, wurden in eine große Schüssel gelegt, mit Weinessig begossen und mit einigen Pfefferkörnern,

Zwiebelscheiben und 1 Zitronenscheibe zusätzlich gewürzt. Am nächsten Mittag gab es Sauerfisch zu Pellkartoffeln.

Stockfisch mit Sauerkraut

Dieses Gericht wurde früher in vielen Familien freitags gekocht. Nicht nur, weil es heute kaum noch Stockfisch gibt, sondern auch, weil uns die Zusammenstellung heute fremd geworden ist, gerät dieses Rezept immer mehr in Vergessenheit.

500 g Sauerkraut, 500 g Stockfisch (heute frischer Kabeljau oder Schellfisch), 1 gewässerter Salzhering, 1 Zwiebel, Salz, 2 EL Paniermehl, 2 EL Fett zum Braten, etwas Sahne

Der Stockfisch muß 24 Stunden wässern, damit er aufquillt und weich wird. Dann kocht man ihn beißfest und läßt ihn auf einem Sieb abtropfen. Das Sauerkraut wird ebenfalls vorgekocht und warm gehalten. Die Zwiebel hacken, den Hering in Streifen schneiden, durch Paniermehl drehen und beides in Fett anbraten. Den Stockfisch kurz mit durch das Fett schwenken. Nun füllt man abwechselnd Sauerkraut und Fisch in eine vorgewärmte Schüssel, gießt etwas Sahne darüber, überbackt das Gericht etwa 20 Minuten lang und serviert es recht heiß zu Kartoffelpüree und Bier.

Schmeckt Sepp sooo gut!

Heringe mit Zwiebeln, eingelegt in saurer Sahne

2 kg Salzheringe, 1 kg Zwiebeln, 1 l saure Sahne, Salz, Pfeffer, Zitronensaft

Die Salzheringe 1 Nacht lang wässern, entgräten und in Stücke schneiden. Die Zwiebeln in feine Würfel oder Scheiben schneiden und mit Zitronensaft beträufeln, damit ihre Schärfe gemildert wird. Heringe und Zwiebeln schichtet man abwechselnd in einen Steintopf. Die saure Sahne schaumig schlagen, mit Salz und Pfeffer würzen und über die Heringe gießen. 2 Tage stehen lassen und dann zu Pellkartoffeln essen.

»Heringskartoffeln«

Zu diesem alten Sparrezept erzählt man sich im Saarland folgende Anekdote:
»Bergmann Hennes hatte es nicht leicht, seine achtköpfige Familie zu ernähren. Deshalb waren des öfteren Heringskartoffeln auf dem Tisch. Als nun die heranwachsenden Söhne darüber »meckerten«, daß jeder von ihnen nur ein kleines Stück Hering bekam, der Vater jedoch einen ganzen, verwies sie der Vater:
»Wo käme ma dann do hin, wenn jedermann e Häring wollt?«

1 1/2 kg Kartoffeln, 2 gewässerte Salzheringe, 1 Tasse saure Sahne, 1 Ei, 1 große Zwiebel, 1 TL Salz, 50 g Fett

Die Kartoffeln in der Schale kochen, pellen und in Scheiben schneiden. Die Heringe entgräten und in kleine Stücke schneiden. Die feingeschnittene Zwiebel in der Hälfte des Fetts gelb rösten, den Rest des Fetts in einem hohen Topf auslassen. Abwechselnd nun die Kartoffelscheiben, etwas Salz, die Heringsstücke und die Zwiebel einfüllen. Die letzte Lage muß aus Kartoffeln bestehen. Das Ei mit der sauren Sahne und etwas Salz verquirlen und über den Schichttopf gießen. In den Backofen schieben und etwa 30 Minuten bei 225 ° backen.

Notizen & weitere Rezepte:

fig · 7

Kartoffelgerichte und Klöße

Schales und Dibbelabbes

Diese beiden Gerichte sind zwar auch im Rheinland bekannt, an der Saar aber gehören sie zum festen Bestand des Kochprogramms und sind als *die* Nationalgerichte anzusehen. Am besten gelingen sie in gußeisernen Brätern, wie man sie im Saarland in jedem Haushalt hat. Schales und Dibbelabbes haben fast die gleichen Zutaten, aber Schales ist ein Kartoffelkuchen, der, im Backofen gebacken, am Boden eine braune Kruste ansetzt. Dibbelabbes wird im Topf auf dem Herd zubereitet. Durch das häufige Umwenden und Zerpflücken der Masse entstehen im Topf viele Kartoffelkrüstchen.

Schales

2 kg Kartoffeln, 2 Stangen Lauch, Salz, Pfeffer, 1 Ei, 250 g Dürrfleisch

Die rohen Kartoffeln reiben und fest ausdrücken. Das Ei und den feingehackten Lauch untermengen und mit Salz und Pfeffer abschmecken. Das Dürrfleisch in kleine Würfel schneiden und in einem Gußbräter auslassen. Die Kartoffelmasse einfüllen. Den Bräter in den vorgeheizten Backofen schieben. Den Schales backt man 2 Stunden lang bei 200 ° schön knusprig braun aus.
Will man die Masse fester haben, so rührt man unter den rohen Teig noch einige Eßlöffel Mehl. Man serviert Schales mit Apfelkompott, gekochten Birnen oder Salat.
1. Variante: Man kann das Dürrfleisch auch durch Leberwurst ersetzen.
2. Variante: Den rohen Teig in der Pfanne zu kleinen Kuchen ausgebacken nennt man Grumbeerkiechelcher.

Nicht zu früh wenden!

Dibbelabbes

2 kg Kartoffeln, 2 Zwiebeln, Salz, Pfeffer, 1 Ei, 4 EL Öl

Die rohen Kartoffeln reiben und fest ausdrücken. Die Zwiebeln schälen, reiben und mit dem Salz, dem Pfeffer und dem Ei unter den Teig mengen. Das Öl in einem Gußbräter erhitzen, die Kartoffelmasse einfüllen, ständig umwenden und zerpflücken, damit sich viele Krüstchen bilden können.

Kartoffel- oder Speckwaffeln

Diese Waffeln sind ein typisches Gericht aus dem Ostertal. Sie sind dort so beliebt, daß die Männer sie sogar anstelle von Schichtenbroten mit zur Arbeit nehmen.

$2\frac{1}{2}$ kg Kartoffeln, 5–6 EL Mehl, 5 Eier, Salz, Pfeffer, 2 Stangen Lauch, 10–15 dünne Scheiben Dürrfleisch, 15 g Hefe

Die Kartoffeln schälen, reiben und durch ein Tuch drücken. Den Lauch waschen, feinschneiden und mit den Eiern und dem Mehl zu dem Teig geben. Mit Salz und Pfeffer abschmecken. Die mit etwas Salz angerührte Hefe wird unter den Teig gemengt, damit dieser schön locker wird.
Zum Ausbacken der Waffeln bevorzugt man ein rechteckiges Eisen. Dieses wird gut vorgeheizt und gefettet. Auf die untere Hälfte legt man dünne Dürrfleischscheiben und gibt je Waffel einen EL Teig darauf. Das Eisen schließen, und die Waffeln goldbraun backen. Sie werden warm zur Bambelsupp (s. S. 13) gegessen.

Iwwer die Platt' Geschmelzde

am besten Schnittlauch-salat.

1500 g Kartoffeln, 2–3 große Zwiebeln, 3 EL Margarine

Die Kartoffeln schälen und in Stifte schneiden. In Salzwasser nicht zu weich kochen. Mit dem Schaumlöffel herausnehmen und in eine flache Schüssel (Platt) legen. Während die Kartoffeln kochen, werden die geschnittenen Zwiebeln in dem Fett knusprig braun ausgebraten. Dieses Zwiebelfett gibt man über die Kartoffeln.
An gewöhnlichen Arbeitstagen ißt man – um zu sparen – diese Geschmelzden nur mit Salat. Sonntags gibt es dazu noch heißen Fleischkäse oder eine Lyoner.

Schwalbennester

Ein praktisches Essen, das sich gut vorbereiten läßt, das außerdem aus einem Rest Kartoffelbrei ein vollständiges Gericht macht, ist dieser Auflauf.

1 kg mehlige Kartoffeln, Salzwasser, 1 Eigelb, Salz,
$^1/_4$–$^1/_2$ l Milch, etwas Muskatnuß, 1 Stück Butter,
pro Person: 1 Ei
150 g gekochter Schinken oder Lyoner

Die Kartoffeln schälen, würfelig schneiden und in Salzwasser garen. Milch erhitzen. Die heißen Kartoffeln durch eine Presse drücken oder stampfen, mit der Milch zu einem glatten Brei verrühren und mit dem Ei und der Butter verfeinern. Diesen Brei füllt man in eine gefettete, feuerfeste Form und drückt so viele Vertiefungen in die Masse, als man Eier verwenden will. Man schlägt die Eier auf, läßt sie in die Vertiefungen gleiten und salzt sie. Den Schinken würfeln, darüberstreuen und im Backofen 15–20 Minuten backen.
Dazu gibt es Salat.

Zusätzlich Schinken-röllchen rein-den!

Blechgrumbeere

1 $^1/_2$ kg Grumbeere (das sind Kartoffeln), 350 g Dürrfleisch, Salz, Pfeffer

Die Kartoffeln schälen und würfelig schneiden. Den Speck ebenfalls würfeln. Die Grumbeere auf ein gefettetes Backblech legen, mit den Speckwürfeln bestreuen, salzen und pfeffern und im vorgeheizten Ofen goldgelb abbacken.
Dazu gibt es Apfelmus oder Schnittlauchsalat (s. S. 79).

Kärschdscher

ist im Saarland der Name für Bratkartoffeln. Sie werden aber nicht von gekochten, sondern rohen Kartoffeln bereitet:

1 kg Kartoffeln, 3–4 EL Öl oder Schmalz, Salz

Die geschälten und gewaschenen Kartoffeln werden in grobe Würfel geschnitten. Das Fett läßt man in einem Gußbräter heiß

werden und gibt die Kartoffelwürfel hinein. Man schließt den Bräter mit einem Deckel, damit die Kärschdscher weich werden. Nach 10 Minuten nimmt man den Deckel schnell vom Topf und läßt die Würfel unter öfterem Wenden schön kroß werden. Die Kärschdscher nun mit einem Schaumlöffel herausnehmen, das Fett abtropfen lassen, salzen.
Sie schmecken im Sommer herrlich zu Buttermilch oder zu Hallimaschs in Öl (s. S. 77).

Petersilienkartoffeln

750 g Kartoffeln, 500 g Fleischwurst oder Fleischkäse, 2 Zwiebeln, 1 EL Butter, 1 Lorbeerblatt, 2 Nelken, 1/2 l Fleischbrühe, 3 Bund Petersilie

Die Kartoffeln schälen und in Würfel schneiden. Die gewürfelte Fleischwurst in Fett anbraten, die Zwiebeln würfeln und mitbraten. Mit Fleischbrühe ablöschen. Die Kartoffeln einschichten, aufkochen lassen und würzen. 10–15 Minuten kochen lassen. Da der Eintopf »steif« sein soll, nimmt man während der Kochzeit den Deckel vom Topf, damit die Flüssigkeit einkochen kann. Wenn die Kartoffeln gar sind, wird die gehackte Petersilie untergehoben. Gut durchrühren!
Dazu gehören Kopfsalat und Bier.
Variante: Statt Petersilie kocht man 2 TL getrockneten Majoran mit.

das ist was für Schorsch!

Gefüllte Kartoffeln

8 große Kartoffeln, 200 g Bratenreste, 50 g geräucherter Schinken, 50 g Margarine, 1 kleine Zwiebel, 1 Prise Pfeffer, Salz und Muskat, 1 EL gehackte Petersilie, 1/8 l Bratensaft, 1/4 l Fleischbrühe

Die Kartoffeln schälen und auf einer Seite begradigen, damit sie stehen können. Oben ein Deckelchen abschneiden und aushöhlen.
Bratenreste und Schinken werden durch den Fleischwolf gedreht. Die Zwiebel fein hacken und mit dem durchgedrehten Fleisch in

Margarine anbraten. Mit dem Bratensaft vom Vortag ablöschen, abschmecken mit Salz, Pfeffer und Muskat und mit der gehackten Petersilie vermengen. Den Saft läßt man einkochen, füllt die Kartoffeln mit dem Fleisch und legt die Deckelchen wieder auf. Diese gefüllten Kartoffeln setzt man nun in eine gebutterte Auflaufform, gießt Fleischbrühe dazu und läßt die Kartoffeln im vorgeheizten Backofen 45–60 Minuten bei 250° garen.
Dazu reicht man Hallimaschs (s. S. 76) oder Rupfsalat (s. S. 79).

Verheiratete

Da man Kartoffeln und Mehlknepp zusammen in eine Schüssel schichtet, nennt man dieses Gericht »Verheiratete«

750 g Kartoffeln, Salzwasser, 500 g Mehl, $^{1}/_{4}$ l Wasser, 2 Eier, 2 l Wasser, 1 TL Salz, 150 g geräucherter Speck, $^{1}/_{8}$ l Milch

Die Kartoffeln schälen, stiftig schneiden und in Salzwasser garen. Aus Mehl, Wasser und Eiern einen zähflüssigen Teig herstellen. Das Wasser mit Salz aufkochen und den Teig eßlöffelweise in das Wasser laufen und 5 Minuten ziehen lassen. Den würfelig geschnittenen Speck brät man aus und vermischt ihn mit der Milch. In eine vorgewärmte Schüssel schichtet man nun wechselweise Kartoffelstifte und Mehlknepp und übergießt sie mit der Speck-Milch-Sauce.
Dazu ißt man Bettsejer (s.S. 77).

Hmm! Lecker!

Klöße

Im Saarland heißen die Klöße »Knepp«. Sie unterscheiden sich in ihrer Zubereitung sicherlich nicht wesentlich von denen im übrigen Deutschland. Auffallend aber sind die verschiedenen Formen und Namen. Die gekochten Knepp werden – rundgeformt – Schneebällcher genannt, länglich geformt haben sie den originellen Namen »Buwespitzle«. Die Klöße, aus rohen und gekochten Kartoffeln zubereitet, sind – rundgeformt – »Hoorische« (Haarige), länglich heißen sie »Stracke« (Gestreckte).

Wenn sie dann außerdem auch noch eine Hackfleischfüllung haben, nennt man sie kurz »Gefüllte«. Und jeder weiß sofort, was gemeint ist.
Eine besondere Art von Klößen sind die Stupperten und die Grießknepp, die eigentlich keine geformten und gekochten Klöße sind, sondern nur mit dem Löffel aus der Teigmasse ausgestochen und sofort serviert werden.

Schneebällcher

2 kg Kartoffeln, 3 Eigelb, 2 EL Mehl, Salz

Die Kartoffeln müssen am Tag vorher mit der Schale gekocht und gepellt werden.
Für die weitere Zubereitung die Kartoffeln durch den Fleischwolf drehen, mit dem Eigelb und dem Mehl vermengen und mit Salz abschmecken. Runde Klöße formen und etwa 20 Minuten in heißem Salzwasser ziehen lassen.
Im allgemeinen werden sie zu Sauerfleisch (s. S. 26) gereicht, sie schmecken aber auch vorzüglich zu »gefüllter Rinderbrust« oder zu Wildgerichten. Weil man nicht jeden Mittag Fleisch auf den Tisch bringt, ißt man die Schneebällcher auch wohl zu gekochtem Obst oder Salat.
Im Westrich formt man diese Klöße meistens länglich und nennt sie

Buwespitzle

Reste dieser Buwespitzle werden in Fett gebraten und zu Salat oder Buttermilch als vollständiges Gericht auf den Tisch gebracht.

Hoorische Knepp

Die Klöße haben ihren Namen von dem »haarigen« Aussehen. Die Fasern der roh geriebenen Kartoffeln richten sich an der Oberfläche durch das Kochen leicht auf – wie bei einem Bürstenhaarschnitt.

Ein Ländche Salat ist köstlich dazu!

1½ kg rohe Kartoffeln, 1 kg gekochte Kartoffeln vom Vortag, 2 Eier, Salz

Die rohen Kartoffeln reiben und fest ausdrücken. Die gekochten Kartoffeln durch einen Fleischwolf drehen und mit den roh geriebenen Kartoffeln vermengen. Die Eier unterrühren, salzen und eventuell mit etwas Mehl binden. Runde Klöße formen und in kochendem Salzwasser 20–25 Minuten gar ziehen lassen.
Die längliche Form der Hoorischen nennt man

Stracke

Gefüllte

Die Teigmenge und ihre Zubereitung ist die gleiche wie bei den »Hoorischen«. Da diese Klöße aber gefüllt werden, fallen sie natürlich größer aus.

Füllung:
500 g Rinderhackfleisch, 4 EL Milch, Salz, Pfeffer, Majoran, 40 g Fett zum Braten

Das Hackfleisch in dem heißen Fett krümelig anbraten und mit der Milch ablöschen. Aufkochen und würzen. Auskühlen lassen und die Klöße damit füllen. Im Saarland werden diese Klöße so groß gehalten, daß man von einem Kloß satt wird. In Salzwasser ½ Stunde lang garen. Die Klöße in eine Schüssel legen und mit Specksauce (s. S. 28) begießen. Dazu Rotkohl oder Sauerkraut.
Teig-Variante: Feingehackter Lauch oder feingehackte Petersilie einarbeiten.
Füllungs-Variante: Statt Hackfleisch Pfälzer Leberwurst einfüllen.

Stupperte

750 g mehlige Kartoffeln, Salzwasser, Salz, Pfeffer, Muskat, 4 EL Milch, 100 g fetter Speck

Die Kartoffeln schälen und so lange kochen, bis sie zerfallen. Stampfen und würzen und mit der Milch mischen, so daß ein glatter, aber fester Teig die Grundlage für diese Klöße ist.

Den Speck würfeln und ausbraten. Man taucht einen Eßlöffel in das Fett, sticht damit ovale Klöße von dem Brei ab und legt diese in eine vorgewärmte Schüssel. Den Löffel immer wieder in das Fett tauchen, damit der Teig nicht daran hängenbleibt. Den Rest des heißen Speckfetts über die Stupperte gießen.
Dazu reicht man Dürrobst oder einen Salat.
Im Westrich ißt man gebratene Leberwurst dazu.

Gefüllte Weck

6 Wecken, 2 Eier, 3 Bund Petersilie, Salz, Pfeffer, Muskat, 50 g Margarine, 3 l Salzwasser, 50 g Dürrfleisch

Die Wecken auseinanderbrechen, von der weichen Seite her aushöhlen. Das ausgehöhlte Brot mit den verschlagenen Eiern tränken und durchziehen lassen. Gehackte Petersilie zugeben, mit Salz, Pfeffer und Muskat abschmecken und in der Margarine anbraten. Die Wecken damit füllen und mit Garn so zubinden, daß auch die offene Seite geschlossen wird. In kochendes Salzwasser legen und so lange darin quellen lassen, bis die Wekken schwammig werden.
In der Zwischenzeit das Dürrfleisch würfeln und ausbraten. Die Wecken in eine vorgewärmte Schüssel legen und mit dem Fett und dem Speck abschmelzen.
Dazu »e Ländche Salat«, das ist ein »ganzes Beet« Kopfsalat!

Grüne Klöße

8 Wecken, 1 l warmes Wasser, 4 kleine Eier, 250 g Spinat, 1 Bund Petersilie, Salz, Pfeffer, Muskat, Majoran, 3 l Salzwasser

Die Wecken in Wasser einweichen, gut ausdrücken und durch einen Fleischwolf drehen. Petersilie und Spinat waschen und klein schneiden. Die Eier verschlagen und mit den Gewürzen und dem Salz zu den Wecken geben. Alles gut durchkneten und mit nassen Händen Klöße daraus formen. Diese läßt man etwa 25 Minuten in heißem Salzwasser ziehen.

Wickelklöße

500 g Mehl, 2 Eier, 1/2 l Milch, 1 TL Salz, 1/2 Päckchen Backpulver, 2 EL flüssige Butter, 2 EL Paniermehl oder 250 g gewürztes Hackfleisch, 3 l Salzwasser

Eier und Milch gut verquirlen, mit Mehl, Salz und Backpulver zu einem festen Nudelteig verarbeiten. Dünn ausrollen und mit flüssiger Butter bestreichen. In 5 cm × 30 cm lange Streifen schneiden, diese mit Paniermehl oder Hackfleisch belegen und von der schmalen Seite her aufrollen. Die Ränder fest andrükken. Die Klöße 15 Minuten lang in Salzwasser gar ziehen lassen.
Dazu Sauerkraut oder Salat.

Axels Lieb-lingsgericht

Grießknepp un Wähle
(Grießklöße und Heidelbeeren)

1 1/2 l Milch, 500 g Hartweizengrieß, 1/2 TL Salz, 4 kleine Eier, 60 g Butter, 80 g Zucker

Die Milch mit Salz und Zucker zum Kochen bringen, den Grieß hineinrühren und bei geringer Hitze langsam ausquellen lassen. Vom Feuer nehmen, die verquirlten Eier mit dem Schneebesen hineinschlagen und den Brei 10 Minuten ziehen lassen. Die Butter schmelzen und Klöße abstechen. Das geschieht wie bei den Stupperten. Den Rest der Butter bräunen, über die Klöße gießen und mit Zucker bestäuben.
Dazu ißt man Wählekompott (s. S. 87).

„Heißer Topf" von Tante Hedwig.

750 g Kartoffeln
3 große Zwiebeln
350 g Dörrfleisch
2 El. gehackte Petersilie
Salz, Pfeffer
1/4 l Viez

Die geschälten und gewaschenen Kartoffeln werden in fingerdicke Scheibem, die Zwiebeln und das Dörrfleisch in dünne Scheiben geschnitten. Nun schichtet man abwechselnd Kartoffeln, Zwiebeln, Dörrfleisch und Petersilie in einen feuerfesten Topf, wobei die Kartoffeln den Abschluß bilden. Jede Schicht mit Salz und Pfeffer bestreuen. Jetzt übergießt man alles mit Viez, deckt mit einer Folie ab und schließt den Topf mit einem Deckel. Bei 180° im vorgeheizten Backofen garen. (etwa 2 Stunden) Die Folie und den Deckel während der letzten 20 Minuten abnehmen.

Schmeckt mit Bier oder Viez besonders gut im Winter.

fig. 8

Gemüse und Salate – Käse

Lauch mit Bratwurst

8 dicke Stangen Lauch, 500 g Bratwurst, 40 g Fett zum Braten, 1/8 l Fleischbrühe, Salz, Pfeffer, Muskat

Der geputzte und gewaschene Lauch wird in 2 cm große Stükke geschnitten und mit der Fleischbrühe bei kleiner Flamme gedünstet. Währenddessen brät man die Wurst in dem Fett schön knusprig braun aus. In Scheibchen schneiden und mit dem Fett unter das fertige Lauchgemüse mischen. Mit Salz, Pfeffer und Muskat abschmecken und zu Kartoffelbrei essen. Da dieses Gericht durstig macht, empfehlen wir dazu ein kräftiges Bier.

Ebbes ganz Delikatesses!

Schüsselbohnen

1 kg Wachsbrechbohnen, 1 kg Kartoffeln, Salzwasser
Sauce:
100 g Speck, 1 Zwiebel, 3 EL Mehl, 1 Dose Milch 10%, Salz, Muskat

Die Bohnen abfädeln, in Stücke schneiden und in Salzwasser abkochen. Die Kartoffeln schälen, in Scheiben schneiden und ebenfalls weichkochen.
In der Zwischenzeit die Sauce zubereiten. Speck und Zwiebel würfeln und ausbraten, mit Mehl überstäuben, mit Bohnenwasser und Milch ablöschen. Mit Muskat und Salz zu einer pikanten Sauce abschmecken. In eine große, vorgewärmte Schüssel füllt man lagenweise abgetropfte Bohnen und Kartoffeln und begießt das Gericht zum Schluß mit der Sauce.
Mit gekochter Mettwurst oder Bratwurst gleich zu Tisch geben.

Hallimaschs

Die zahlreichen Wälder des Saarlandes sind voll von Pilzen. Sie werden als willkommene Beilage gern gesammelt und bereichern den Küchenzettel erheblich. Ein sehr häufig vorkommender Pilz ist der Hallimasch, der an Baumstümpfen und -wurzeln wächst. Er braucht wie fast alle Pilze viel Feuchtigkeit und kann von Juli bis zum Spätherbst gesammelt werden. Roh ist er giftig, gekocht aber schmeckt er köstlich. Er läßt sich gut einkochen bzw. einsäuern.

1 kg Hallimaschs, Salz, Pfeffer, 2 Zwiebeln, 1 Bund Petersilie, 2 EL Margarine zum Braten

Die Pilze putzen und waschen, eventuell einmal durchschneiden. In der Gußpfanne mit Margarine und Zwiebelwürfelchen dünsten, würzen und mit gehackter Petersilie bestreut zu Tisch bringen. Dazu ißt man Kartoffelbrei.

Hallimaschs in Öl

Lecker zu Kaninchen!

Auf 1 kg Pilze rechnet man:
1 l Wasser, ½ l Essig, 2 Bund Dill, 2 TL getrockneter Thymian, 2 Lorbeerblätter, 1 TL Salz, 2–3 TL Korianderkörner, 1 große Flasche Olivenöl

Die Pilze waschen und putzen. Wasser, Essig und die Gewürze, außer dem Koriander, zum Kochen bringen. Die Pilze in den Sud geben und 15 Minuten kochen lassen. Danach sollen die Pilze im verschlossenen Topf gar ziehen. Der Sud wird abgegossen, die Pilze läßt man in einem Sieb abtropfen und auskühlen. Danach schichtet man Pilze und Koriander abwechselnd in ein großes Einmachglas. Mit Öl begießen, bis alle Pilze bedeckt sind. Fest verschließen! Die Hallimaschs schmecken nach einigen Tagen schon köstlich, halten sich aber 3–4 Monate. Sie sind eine würzige Beilage zu kaltem Fleisch oder auch zu Kärschdscher (s. S. 66). Man nimmt sie dazu aus der Marinade, läßt sie abtropfen und beträufelt sie höchstens noch einmal mit Essig.

Löwenzahnsalat – »Bettsejer«

Der erste frische Salat, den die Natur im zeitigen Frühjahr oft kostenlos anbietet, ist der Löwenzahn. Sucht man ihn sich selbst, so sticht man die Pflänzchen in den Wiesen, wenn das Herz noch gelblichweiß ist. Hat die Pflanze schon Blüten angesetzt, ist sie nicht mehr verwendbar. Will man sich der Mühe des Löwenzahnstechens nicht unterziehen, so kann man ihn im Saarland auf jedem Wochenmarkt erstehen. Er schmeckt herzhaft, aber bitter und ist gesund, denn man schreibt ihm eine blutreinigende und harntreibende Wirkung zu.

500 g Löwenzahn,
Sauce: Salz, Pfeffer, 1 Zwiebel, 2 hartgekochte Eier, Fondor, 6 EL Essig, 2 EL Wasser, 4 EL Öl

Die Blätter in mundgerechte Stücke zupfen, waschen und eine Weile im Wasser liegen lassen. Damit wird bewirkt, daß die Bitterstoffe aus dem Löwenzahn gezogen werden. Abtropfen lassen. Eine Salatsauce bereiten: Die hartgekochten Eigelb durch ein Haarsieb streichen und mit Essig, dem Wasser und dem Öl glatt rühren. Salzen und pfeffern. Die Zwiebel und das Eiweiß würfeln und mit den Salatblättchen unter die Sauce heben. In manchen Familien wird der Salat jetzt noch mit ausgelassenen Speckwürfeln angereichert.

Kartoffel-Löwenzahn-Salat

500 g gekochte Kartoffeln, 250 g Löwenzahn, 1 hartgekochtes Ei
Sauce:
1 Zwiebel, 1 EL Senf, Pfeffer, Salz, 1 Prise Zucker, 1/8 l Sahne, 1 Eigelb, hartgekocht und zerdrückt

2 Eigelb und noch besser!

Die gekochten, erkalteten Kartoffeln in Würfel schneiden. Den Löwenzahn behandeln wie im vorherigen Rezept. Die Sauce zubereiten: Senf, Pfeffer, Salz, Zucker und das zerdrückte Eigelb mit der Sahne verrühren. Diese Sauce über die Kartoffelwürfel und das gehackte Ei gießen und gut durchziehen lassen. Kurz vor dem Servieren hebt man den Löwenzahn darunter.

Schnittlauchsalat

Will man auf dem Wochenmarkt im Saarland Petersilie und Schnittlauch kaufen, so fällt einem auf, daß ein Bund dieser Kräuter 3–4 mal so dick ist wie in anderen Bundesländern.

3 saarl. Bund Schnittlauch, 8 hartgekochte Eier,
Salatsauce s. Bettsejer, aber angereichert mit $^{1}/_{8}$ l
Sahne

Den Schnittlauch putzen und in $^{1}/_{2}$ cm große Röllchen schneiden. Diese überbrüht man in einem Sieb mit heißem Wasser, damit der scharfe Geschmack etwas gemildert wird. Gut abtropfen lassen. Währenddessen würfelt man die hartgekochten Eier und gibt die Schnittlauchröllchen dazu. Mit Salatsauce übergießen und gut mischen. Meistens ißt man diesen Salat zu Plattgeschmelzden oder Kärschdscher als warmes Abendbrot.
Variante: Salatsauce mit viel Senf anmachen.

Han ma all im Gaade

Rupfsalat

das sind die ersten frischen Blättchen von der Frühlingsaussaat des Kopfsalats. Die kräftigen Pflanzen werden auf Lücke neu gesetzt, damit sie feste Köpfe bilden können, die anderen Pflanzen werden wie Feldsalat ausgerupft und sofort zu Salat verarbeitet. Hervorzuheben ist die kräftige Salatsauce, die zwar wie die Bettsejersauce angemacht, aber zusätzlich mit vielen frischen Frühlingskräutern angereichert wird, wie z.B. Dill, Borretsch, Zitronenmelisse, Pimpinelle, Schnittlauch, Petersilie, Brunnenkresse und jungen Zwiebelschloten.

Stiele-Salat

3 Bund Mangold, 1 l Wasser, 1 TL Salz, Salatsauce s. Bettsejer
50 g Dürrfleisch

Von dem Mangold werden die Blätter abgestreift, da man zu diesem Salat nur die Stiele benötigt. Diese schält man wie Rha-

barber und schneidet sie in 2–3 cm lange Stücke, die noch einmal längs durchgeschnitten werden. Nun gart man die Stiele 10 Minuten in kochendem Salzwasser. Nach dem Garen läßt man die Stiele abtropfen und abkühlen. Die Sauce wird ohne Öl hergestellt, weil der Salat vor dem Servieren mit ausgelassenen Dürrfleischwürfeln abgeschmelzt wird.
Anmerkung: Die abgestreiften Mangoldblätter kann man wie Spinat zubereiten.

Daß man von weißen Bohnen nicht nur Suppen und Eintöpfe kochen kann, zeigt dieses Rezept:

Weiße-Bohnen-Salat

250 g weiße Bohnen, 1 l Wasser
Für die Sauce:
Essig, Öl, Salz, Pfeffer, 1 Zwiebel, etwas Senf, 1 EL feingehackte Petersilie

Die am Abend vorher eingeweichten Bohnen werden weich gekocht, abgeschüttet und mit kaltem Wasser übergossen. Aus den übrigen Zutaten bereitet man eine Salatsauce zu, die man eventuell mit etwas Zucker abschmecken kann. Die Bohnen müssen, damit sie schön ganz bleiben, vorsichtig mit der Sauce vermengt werden.

Wir sitzen so fröhlich beisammen,
und haben einander so lieb,
erheitern einander das Leben,
ach wenn es doch immer so blieb!

Käse

Noch bis vor einigen Jahren gab es im Saarland zum Frühstück hauptsächlich die sogenannte »Kaffeesupp« – das ist eine große Kumpe Malzkaffee mit Milch und Zucker und Mischbrotbrokken darin – oder Schmeer mit selbstgemachtem Käse. Die einen liebten mehr die süßliche Richtung, nämlich den Weißen Käs (das ist Quark), beträufelt mit Akazienhonig oder bestrichen mit Marmelade. In anderen Familien wurde aus Ziegenmilch Käse gewonnen oder aus preiswertem Limburger ein Kochkäse hergestellt. Den Ziegenkäse bot man auch wohl abendlichen Gästen zu einem Glas Wein in Verbindung mit Brezeln an.

Handkäse von Ziegenmilch

Dickgewordene Ziegenmilch wird leicht erhitzt, damit sich die Molke vom Quark absetzt. Der Quark wird in ein Tuch eingeschlagen, dieses wird fest zugebunden und in einen Baum gehängt. Dort läßt man das Säckchen 2–3 Tage austropfen. Danach würzt man den Frischkäse mit Salz und Kümmel und preßt ihn in runde Förmchen, die etwa handtellergroß sind. Diese sogenannten Handkäse stürzt man auf ein mit Essig getränktes Tuch, schlägt sie darin ein und läßt sie darin 4–6 Wochen reifen. Sie sind gut, wenn sie außen gelb (angefault) sind. Bevorzugt man den Ziegenkäse als Frischkäse, dann wird er sofort nach dem Würzen gegessen.

Hawe käs

Kochkäse

250 g Limburger, 1 EL Margarine, 1 Eigelb, 1 EL Mehl, 1–2 TL Kümmel, 1/8 l Milch

Die Margarine läßt man in einem Topf heiß werden, schneidet den Limburger in Stücke und gibt ihn in das Fett. So lange rühren, bis der Käse zerlaufen und mit der Margarine vermischt ist. Das Ei mit Mehl, Milch und Kümmel verschlagen und unter den Käse rühren, bis die Masse beginnt steif zu werden. Der Käse wird in einen Steinguttopf gefüllt und nach dem Erkalten auf einen Teller gestürzt.

Anmerkung: Wer den Käse milder essen möchte, nimmt bei gleicher Zutatenmenge nur 125 g Limburger.

Nur bei offenem Fenster zubereiten!

Notizen & weitere Rezepte:

Notizen & weitere Rezepte:

fig · 9

Marmeladen und Kompotte

Marmeladentopf

Dazu braucht man verschiedene Obstsorten, wie z.B. je 1 kg Erdbeeren, Heidelbeeren, Kirschen, Aprikosen, Mirabellen und Zwetschgen. Wie bei einem Rumtopf fängt man mit den Erdbeeren an. Diese werden verlesen, gewaschen und mit etwas Zucker bestreut, damit sie Saft ziehen. Anschließend läßt man die Erdbeeren mit 375 g Zucker bei kleiner Flamme ca. ¾ Stunden lang köcheln. Den Topf vom Feuer nehmen, eine Messerspitze voll Einmachhilfe unterrühren und die Marmelade heiß in einen Steinguttopf gießen. Nach dem Erkalten den Topf mit einem sauberen Tuch abdecken. Dann folgt je nach Jahreszeit das andere Obst. Man bereitet es genauso zu wie die Erdbeeren. Jede Obstsorte rührt man heiß unter die bereits fertige, erkaltete Marmelade. Den Abschluß bilden die Zwetschgen.
Anmerkung: Die Früchte dürfen nicht ganz zerkochen! Die festeren Sorten sollten aber vorher doch etwas zerkleinert werden.

do schnaußt jeder!

Lattwerg

Birnen- und Pflaumenmus nennt man im Saarland »Lattwerg« oder in manchen Orten auch »Lachsem«. Früher kochte man es in großen Mengen ein, denn die Obstplantagen lieferten genügend Früchte, um den Bedarf an Mus und Kompott für ein ganzes Jahr zu decken. Riesige Kupferkessel voll Lattwerg brodelten in den Waschküchen und, da das Mus 12 Stunden kochen mußte, rührte man es eine ganze Nacht lang, damit es nicht anbrannte. Das Rühren und Überwachen war vornehmlich die Aufgabe der jungen Leute, die sich mit Obstler und Bier die Nacht verkürzten. Zur Belohnung bekam jeder Helfer morgens ein Töpfchen Lattwerg mit nach Hause.

a) Lattwerg von Pflaumen

5 kg Zwetschgen, 1 kg Zucker, 1 Stange Zimt, etwas Anis

Die Früchte werden gewaschen, entsteint und durch den Fleischwolf gedreht. Mit etwas Wasser aufsetzen und zum Kochen bringen. Die Gewürze und nach und nach den Zucker einrühren. 12 Stunden köcheln lassen, bis die Marmelade steif ist. Nun füllt man sie heiß in kleine Steinguttöpfe und läßt sie im Backofen überkrusten. Mit einem Leinentuch abdecken und zubinden.

b) Birnenmus

5 kg reife Birnen, 1 Stange Zimt oder etwas Anis, 2 Zitronen

Die Birnen waschen, schälen und das Kerngehäuse entfernen. Die Stücke bis zum Weiterverarbeiten in Wasser legen, das mit Zitronensaft versetzt ist. Die Schalen werden in etwas Wasser vorgekocht. Die Brühe wird abgegossen. Nun gibt man die Birnenstücke zu den Schalen und kocht sie mit Zimt oder Anis etwa 12 Stunden, bis das Mus steif wird.
Beide Arten Lattwerg werden wie Kompott vom Teller gelöffelt.

Wählekompott

Wähle, das sind Heidelbeeren, wachsen auch im Saarland in den Wäldern. Im Sommer ziehen die Familien mit Eimern und Schüsseln in den Wald, um Wähle für Kuchen oder Nachtisch zu pflücken.
In früheren Zeiten zog sogar ein Wählehändler durch die Dörfer, bot die Beeren zum Verkauf an und rief dabei: »Wähle, Wähle, Heidelbeere«! Die Jugend machte es ihm nach und sang: »Wähle, Wähle, Heidelbeere, wer will sich die Schniß verschmeere«.

750 g Heidelbeeren, 75 g Zucker, 1 EL Speisestärke

e bisje meh wie gewehnlich!

Die Beeren mit dem Zucker aufsetzen, aufkochen und mit dem in kaltem Wasser angerührten Stärkemehl binden.
Mit Grießknepp serviert, ist es ein leichtes Sommeressen, das erfrischt.

fig . 10

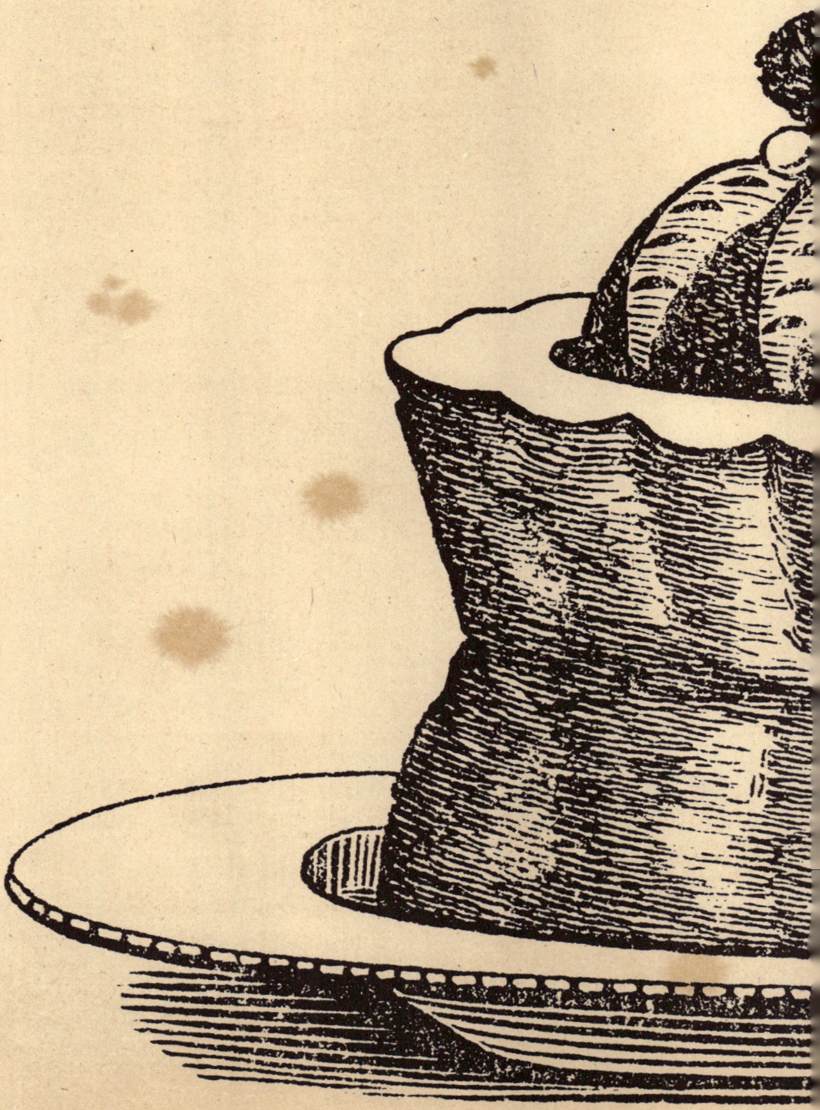

Nachtisch

Kerscheplotzer

Während im Westen des Saarlandes die Apfelplantagen vorherrschen, findet man weiter östlich im Westrich und um Homburg häufig große Kirschplantagen. Das Obst wird sowohl zu Schnäpsen gebrannt, als es auch die Grundlage für manchen leckeren Nachtisch bildet.
Hier der Kerscheplotzer:

4 Milchwecken vom Vortag, $^{3}/_{8}$ l Milch, 50 g Butter, 20 g Mandeln – gehackt –, abgeriebene Schale von 1 Zitrone, 3 Eier, 60 g Zucker, 750 g Kirschen, nicht entsteint

Die Krusten der Wecken auf einer Kartoffelreibe abreiben, die Wecken in feine Scheiben schneiden und mit lauwarmer Milch übergießen. Butter, Zucker und Eigelb schaumig schlagen und mit den durchweichten Weckschnitten vermischen. Dann erst die abgeriebene Zitronenschale, die Mandelstückchen und die Kirschen zugeben. Zuletzt das steif geschlagene Eiweiß unterziehen und diese luftige Masse in eine gefettete Auflaufform füllen. 45 Minuten bei 200° abbacken und, mit Zimt und Zucker bestreut, sofort zu Tisch geben. Schmeckt auch kalt zum Nachmittagskaffee.

Apfelschaumspeise

375 g Apfelmus, 3 Eigelb, 3 Eiweiß, zu Schnee geschlagen, 75 g Zucker, 1 Glas Wein, 1 Päckchen gemahlene weiße Gelatine

Die Eigelb werden mit dem Zucker schaumig geschlagen. Dann gibt man das Apfelmus und den Wein hinzu, löst die Gelatine auf und dickt die Speise damit an. Wenn sie anfängt fest zu werden, zieht man den steifen Eischnee unter.

Herrlich mit geschlagener Sahne!

Weincreme

30 g Stärkemehl, 3/4 l Weißwein, 3 Eigelb, 125 g Zucker (je nach Säuregehalt des Weines mehr), etwas Zitronenschale, 3 Eischnee

Wein und Zitronenschale zum Kochen bringen. Stärkemehl, Zucker und Eigelb mit etwas Wein verrühren, einlaufen lassen und aufkochen. Gut durchschlagen. Eiweiß steif schlagen und lose unterheben. Mit Gebäckröllchen oder Zimtwaffeln (s. S. 102) servieren.

Akazienküchelchen

Dieser herrlich duftende Nachtisch wird zur Frühsommerzeit im Saarland gern gebacken, weil es hier viele Akazienbäume gibt.

1. *Pfannkuchenteig:*
   125 g Mehl, 4 Eier, 1/4 l Milch, 1 TL Salz
2. *etwa 10 Akazienblütendolden, die nicht voll ausgeblüht sein dürfen,*
3. *Ausbackfett und Zucker*

Das Mehl mit den Eiern und der Milch abwechselnd zu einem dickflüssigen Teig verarbeiten und salzen. 1 Stunde quellen lassen. Die gewaschenen und abgetrockneten Blütendolden in den Teig tauchen und in rauchheißem Fett goldgelb und schwimmend ausbacken. Die Stiele mit einer Küchenschere abschneiden, die Dolden mit Zucker bestreuen und heiß zu Tisch geben. Dazu schmeckt gut eine kräftige Weinsauce.

Weinsauce

2 Eier, 2 Eigelb, 1 Päckchen Vanille-Saucenpulver, 2 EL Zitronensaft, 100 g Zucker, 1/4 l Saarwein (oder anderer Weißwein), 1/4 l Wasser

Alle Zutaten werden in einem Topf mit einem Schneebesen verschlagen und so weit erhitzt, bis die Sauce dicklich wird. Nicht kochen lassen.

Weckkratzerte mit Dürrobst

6–8 altbackene Brötchen, ½ l Milch, 3 Eier, Salz, 1 EL Butter

Die Brötchen werden in feine Scheiben geschnitten und in eine Schüssel geschichtet, dann übergießt man sie mit heißer Milch und läßt sie vollständig weich werden. Man verrührt die Eier mit dem Salz und mischt sie unter die Brötchen. In einer Bratpfanne läßt man die Butter heiß werden, gibt die Brötchenmasse hinein und backt sie auf beiden Seiten schön braun. Dann zerstampft man sie in der Pfanne mit einem Schäufelchen. Man kann sie noch nach Geschmack mit Zucker bestreuen und mit Dürrobst zu Tisch geben.

Weckschnitten

3 Wecken, ½ l warme Milch
Für den Teig:
¼ l Milch, 125 g Mehl, 2 Eier, ½ TL Salz, 50 g Butter, Zucker und Zimt

Die Wecken werden in dicke Scheiben geschnitten. Diese taucht man kurz in heißes Wasser und legt sie zum Abtrocknen auf ein Tuch. Von Mehl, Eiern, Milch und Salz rührt man einen Pfannkuchenteig. Dann zieht man die Schnitten gut durch den Teig und backt sie in heißer Butter goldgelb. Sie werden anschließend mit Zimt und Zucker bestreut.
Reichen Sie dazu Lattwerg oder Wählekompott.

Zwieback- oder Weckpudding

500 g Zwiebackbrocken oder 6 Wecken in Würfel geschnitten, 4 Eier, 125 g Zucker, 1 l Milch, 1 Päckchen Vanillezucker, 50 g gehackte Mandeln, 50 g Rosinen

Die Eier mit dem Zucker, der Milch und dem Vanillezucker verschlagen. Man gießt diese Schaummasse über die Zwiebäcke bzw. Weckwürfel, läßt sie durchweichen und vermengt sie mit den Mandeln und Rosinen. Eine Puddingform wird eingefettet, mit der Masse gefüllt, verschlossen und im Wasserbad ungefähr 1 1/2 Stunden gekocht.
Dazu reicht man Weinsauce (s. S. 91).

Apfelauflauf mit Rahm

1 kg Äpfel
100 g Zucker
1 Päckchen Vanillezucker
1 Teel. Butter
3 Eier
1/4 l saurer Rahm
1/8 l Milch
4 Eßl gehackte Haselnüsse

Die geschälten und in Scheiben geschnittenen Äpfel dünstet man mit Butter und Zucker halb gar und füllt sie in eine gefettete Auflaufform. Nun verklopft man die Eier mit Milch und Rahm, gibt die Haselnüsse dazu und gibt diese Soße über die Äpfel.
Im vorgeheizten Backofen etwa 30 Minuten backen.

fig. 11

Gebäck

Die saarländische Küche ist reich an Kuchen und Gebäck. Auffallend dabei ist, daß die Kuchen fast immer mit Hefe gebacken sind und daß kaum Sahne- und Buttercremetorten hergestellt und gegessen werden. Auffallend sind auch die schönen alten Backformen aus Guß oder schwarzem Blech, wie man sie heute nur noch in Frankreich oder in Boutiquen findet.

Zubereiten von Hefeteig (Grundrezept)

Das Mehl in eine vorgewärmte Schüssel geben und in die Mitte eine Mulde drücken. Hefe in einer Tasse mit etwas warmer Milch und Zucker verrühren, in die Mulde gießen und mit etwas Mehl zu einem Vorteig vermengen. Etwas Mehl überstäuben, 15 Minuten an einem warmen Ort zugedeckt gehen lassen, bis der Vorteig etwa doppelt so groß ist. Milch und Butter zusammen erwärmen und nach und nach mit dem Ei und dem Salz unter das Mehl arbeiten und mit dem Vorteig verkneten. Wiederum gehen lassen. Den Teig so tüchtig schlagen und kneten, daß er Blasen wirft und schön locker ist.

Formkuchen

Großer Beliebtheit erfreute sich früher der Formkuchen. Fast jeder Haushalt hatte eine große gußeiserne Napfkuchenform, in der einmal in der Woche ein großer Kuchen gebacken wurde. In einem Topf aufbewahrt, hielt er sich gut 8 Tage frisch.
Backen Sie ihn doch auch einmal. Sie benötigen dafür eine große Gugelhupfform. Servieren Sie ihn frisch als Kuchen zum Kaffee! Ist er ein paar Tage alt, bestreichen Sie ihn mit Butter! Trockener Kuchen wird nach Saarländer Art in Kaffee gestippt.

1 kg Mehl, 60 g Hefe, 100 g Butter, 125 g Zucker, 125 g Rosinen, 2 Eier, 1/2 TL Kardamom, 1/8 l Milch, 60 g Mandeln, 1 TL Salz, etwas abgeriebene Zitronenschale

Nach dem Grundrezept (s. oben) einen weichen Teig arbeiten und in diesen die übrigen Zutaten wie Rosinen und Mandeln einarbeiten. In eine gefettete Gugelhupfform füllen und noch einmal gehen lassen. Bei mittlerer Hitze etwa 1–1 1/2 Stunden abbacken. Er sollte schön goldgelb aussehen. Mit Puderzucker bestreuen, wenn der Kuchen ganz ausgekühlt ist.

Rahmkuchen

250 g Mehl, 20 g Hefe, knapp 1/8 l Milch, 1 Prise Salz, 60 g Butter, 60 g Zucker, 1 Ei, 1 Becher Sahne

Nach dem Grundrezept (s. S. 96) einen lockeren Teig herstellen. Fingerdick ausrollen, in eine Tortenform legen und am Rand gut andrücken. Gehen lassen! Die Sahne darauf verteilen. Bei mittlerer Hitze auf der Mittelschiene des Backofens etwa 20 Minuten goldgelb abbacken. Dieser Kuchen wird häufig schon zum Frühstück serviert.

Zimtkuchen

250 g Mehl, 20 g Hefe, knapp 1/8 l Milch, 1 Prise Salz, 60 g Butter, 60 g Zucker, 1 Ei, 5 EL Zucker-Zimt-Gemisch, 60 g Butter zusätzlich

Den Teig vorbereiten wie beim Rahmkuchen. Nach dem Gehen schneidet man mit einem spitzen Messer den Teig halbtief ein und zwar so, daß ein Gitter entsteht. Darauf streut man das Zimt-Zucker-Gemisch und belegt die Fläche mit Butterflöckchen. Bei 220°backt der Kuchen etwa in 20 Minuten gar. Dabei brodelt die Butter auf dem Kuchen und läßt die Zimt-Zukker-Mischung schmelzen. Abgekühlt wird der Kuchen knusprig. Möglichst frisch essen.

Kranzkuchen

Blättert man in alten Chroniken nach Bräuchen, Trink- und Eßgewohnheiten bei Festen, so fällt es auf, daß der Kranzkuchen bei keiner Gelegenheit fehlte. Wenn zur Kirmes die Verwandten kamen, wurde nicht nur Kranzkuchen serviert, sondern jeder bekam noch ein Stück mit auf den Weg. Zur Hochzeit bestellte man beim Bäcker riesengroße Kränze und bei den vielen Nachbarschaftsfesten wurde der Kranzkuchen zu Bier und Wein in riesigen Mengen verzehrt. Eine besondere Stellung nimmt er auch heute noch um die Weihnachtszeit ein, denn zwischen Weihnachten und Neujahr geht immer noch jedes Kind zu seinen Paten, dem Patt und der Good, um frohe Weihnachten und ein gutes neues Jahr zu wünschen. Dabei bekommt es von den Paten einen relativ kleinen Kranzkuchen (Klein-Neujahr), aber in dem Jahr der Schulentlassung einen großen Kranzkuchen (Groß-Neujahr). In dem letzteren, der so groß wie eine Platte ist, wird ein Span versteckt eingebacken. Man sagt, das Patenkind wird »entspänt«, d.h. aus der Obhut der Paten entlassen. Im Bliestal backt man statt des Spans ein Püppchen mit doppeltem Kopf ein.
Nun das Rezept dazu:

1 kg Mehl, 40 g Hefe, 150 g Butter oder Margarine, 200 g Zucker, 2 Eier, 1/4–1/2 l Milch, 1 TL Salz, etwas abgeriebene Zitronenschale, 1 Ei zum Bestreichen

Oma! Vergessen nicht!

Nach dem Grundrezept einen nicht zu weichen Teig arbeiten. Nach dem »Gehen« teilt man ihn in 3 oder 4 Teile, rollt jeden Teil mit der Hand zu einer dünnen Rolle aus und flechtet sie zu einem dicken Zopf. Diesen Zopf legt man auf ein gefettetes Backblech und zwar so, daß Anfang und Ende verbunden werden und ein geflochtener Kranz entsteht. Man bestreicht ihn mit Eigelb und backt ihn bei guter Hitze etwa 1–1 1/2 Stunden ab.

Prosit Neijohr!
E Brezel wie e Scheierdor,
E Kuche wie e Oweplatt,
Do wette ma all mi...
...nander sat...

Wickelkranz

Teig:
500 g Mehl, 40 g Hefe, 1/8 l Milch, 1 TL Salz, 2 Eier, 75 g Butter, 80 g Zucker, abgeriebene Schale von 1 Zitrone
Füllung:
400 g Marzipanrohmasse, 2 EL Zucker, 3 EL Kakao, 2–3 EL Rum oder Rahm, 300 g gemahlene Nüsse, 100 g Rosinen, Butterflöckchen
Zitronenglasur:
Zitronensaft und Puderzucker

Nach dem Grundrezept (s. S. 96) einen nicht zu weichen Hefeteig herstellen. Den Teig ausrollen und noch einmal »gehen« lassen. Die Teigplatte von 40 cm × 30 cm wird der Länge nach durchgeschnitten. Beide Teigplatten mit Marzipanstreifen belegen, mit den übrigen vermischten Zutaten und mit Butterflöckchen bestreuen. Den Teig zu 2 Rollen formen, ineinander wikkeln und zu einem Kranz zusammenlegen. Auf einem gefetteten Backblech bei 225° etwa 45 Minuten backen. Mit Zitronenglasur bestreichen.
Variante: Man backt den Wickelkuchen auch wohl in einer Kastenform.

Rhabarberkuchen

Teigzutaten wie beim Zimtkuchen.
Außerdem: 1500 g Rhabarber, 3 Eiweiß, 150 g Zucker

Zubereitung des Hefeteigs s. S. 96. Diesen Teig rollt man dünn aus, legt ihn in eine Backform, drückt ihn am Rand etwas hoch und läßt ihn nochmals gehen. In der Zwischenzeit wird der Rhabarber geschält, gewürfelt und mit kochendem Wasser überbrüht. Man läßt ihn abtropfen und legt ihn 2 Finger dick auf den Teig. In den vorgeheizten Backofen schieben und auf der mittleren Schiene bei 200° etwa 20 Minuten backen. Während der Backzeit schlägt man die Eiweiß zu steifem Schnee, läßt während des Schlagens den Zucker einrieseln und streicht diese Schneemasse über den fertigen Kuchen. Danach schiebt man ihn

noch einmal für etwa 10 Minuten in den Backofen und überbackt ihn so, daß die Oberfläche leicht braun wird.
Herausnehmen und auskühlen lassen. Der Kuchen schmeckt am besten, wenn er frisch ist.
Variante: Eine andere Art, den Rhabarberkuchen zu überbakken, ist ebenfalls sehr beliebt: 2 Eigelb, 1/4 l Sahne und 150 g Zucker werden schaumig gerührt, 2 EL Stärkemehl und der steife Eischnee der 2 Eier werden untergehoben. Über den Teig gießen und goldgelb überbacken.

Quetschekuche

Ganz früher auch mit Brot-Sauer-teig)

Im Saarland nennt man alle Obstkuchen »Fladen«, weil sie so groß gebacken werden, daß sie kaum in einen normalen Backofen passen, sondern fast immer beim Bäcker abgebacken werden. Das gilt vor allem für den Pflaumenkuchen »Quetschekuche«. Sein Teig ist ein mittelfester Hefeteig, sehr groß und rund ausgerollt. Diesen Teig belegt man dicht mit Zwetschgenhälften und läßt ihn abbacken. In der Saarbrücker und Zweibrücker Gegend ißt man ihn nicht nur zur Kaffeezeit, sondern er ist dort unentbehrlich zur Bibbelschesbohnesupp. Da stehen mittags ein großer Topf Suppe und der große Fladen auf dem Tisch. Für Nicht-Saarländer fast undenkbar, aber die Saarländer schwören drauf!

Saarländer Maultaschen

Die bekanntesten Maultaschen werden wohl aus Nudelteig hergestellt und als warme Mahlzeit serviert. Hier ein Kaffeegebäck, bei dem früher an Mehl gespart wurde. Dafür nahm man Kartoffeln.

500 g Mehl, 375 g gekochte Kartoffeln, 200 g Zucker, 50 g Butter, 2 Eier, 1 Päckchen Vanillezucker, 1 1/2 Päckchen Backpulver
Als Füllung: Lattwerg oder Obstgelee

Die Kartoffeln werden durch den Wolf gedreht und mit den übrigen Zutaten zu einem festen Teig verknetet. Aus dem dünn ausgerollten Teig sticht man ca. 10 cm große Quadrate aus. Man bestreicht die Hälfte mit Lattwerg oder Gelee und legt die andere Hälfte darüber. Ränder fest andrücken und die obere Teigdecke mit Milch bestreichen. Auf ein gefettetes Backblech legen. In den vorgeheizten Backofen schieben und bei mittlerer Hitze 20–25 Minuten ausbacken.

Gebildbrote: Puppen und Hasen

Während man am Niederrhein, im Rheinland und in Westfalen Spekulatiusplätzchen und Stutenkerle zum Nikolausfest backt und verschenkt, bringt in der Pfalz und im Saarland der Nikolaus Puppen und Hasen. Die Hasen, als Sinnbild der Fruchtbarkeit, sind für die Jungen; die Puppen, die der Mentalität der Mädchen entgegenkommen, sind auch für diese gedacht. Die Gebildbrote sind eindeutig germanisch-heidnischen Ursprungs. Die germanischen Priesterinnen formten zur Jul-Feier aus süßem Kuchenteig Tiere, die den Göttern heilig waren, backten sie im Tempel und verteilten sie an das Volk.
Backen Sie doch auch einmal Puppen und Hasen. Ihre Kinder werden sich freuen. Dazu müssen Sie allerdings vorher 20 cm große Schablonen, nach denen Sie den Teig ausrädeln, malen und ausschneiden. Nach dem Abbacken »streichen« Sie die Gebildbrote mit farbigem Zuckerguß schön bunt an, z.B. das Gesicht der Puppen rosa mit schwarzen Augen aus Lakritz, das Röckchen grün usw.

500 g Mehl, 1 TL Salz, 160 g Fett, 160 g Zucker,
2 Eier, 40 g Hefe, 1/8 l Milch, etwas Zitronenöl

Aus den Zutaten einen festen Hefeteig herstellen (s. S. 96), ausrollen und zu Puppen und Hasen ausrädeln. Auf ein gefettetes und bemehltes Backblech legen, gehen lassen und bei 180° etwa 20 Minuten hellgelb abbacken. Wenn Sie die Gebildbrote nicht »anmalen« wollen, dann stecken Sie vor dem Abbacken Rosinen als Augen und Knöpfe in den Teig und kerben auch einige Linien, z.B. die Hasenbeine, hinein.

Zimtwaffeln

Dafür gibt es ein besonderes Waffeleisen. Es ist rechteckig und in 6 Flächen unterteilt.

250 g Mehl, 125 g Butter, 2 Eier, 200 g Zucker, 65 g gemahlenen Mandeln, 10 g Zimt, nach Belieben ½ Glas Cognac oder 1 EL Rum

Butter, Zucker, Eier werden schaumig gerührt, dann gibt man die gemahlenen Mandeln und den Zimt dazu. Nun wird das Mehl untergehoben, bis ein steifer Teig entsteht. Eine rechteckige Eiserkuchenform einfetten und erhitzen (früher nahm man eine gußeiserne Form).
Mit einem Teelöffel sticht man vom Teig walnußgroße Stücke ab und setzt sie auf jedes Feld des heißen Eisens. Nun klappt man das Eisen zusammen, drückt es fest an und läßt die Waffeln bei Stufe 3 schön goldbraun ausbacken. Nach dem Herausnehmen werden die Waffeln auseinandergebrochen und beschnitten.

Pfeffernüsse

Obwohl diese Plätzchen weit verbreitet sind, findet man immer wieder eine andere Art der Zubereitung: sei es bei den Zutaten oder, daß ein Guß aufgestrichen wird.
Sepp's Oma backte sie vorzüglich:

250 g Zucker, 250 g Mehl, 1 Ei, 2 Eigelb, ½ Päckchen Backpulver, 30 g Zitronat, 2 Messerspitzen Zimt, 2 Messerspitzen schwarzer Pfeffer, 2 Messerspitzen gestoßene Nelken, 2 EL Kirschwasser

Zucker, 1 Ei und 2 Eigelb werden ¼ Stunde schaumig gerührt. Dann mengt man die übrigen Zutaten und 1 EL Kirschwasser darunter. Nun rollt man den Teig fingerdick aus und sticht mit einem runden Förmchen kleine Plätzchen aus. Diese setzt man auf ein gefettetes Backblech und läßt sie über Nacht ruhen. Vor dem Backen werden die Pfeffernüsse gewendet und mit dem

restlichen Kirschwasser betupft. In den vorgeheizten Ofen schieben und bei 180° auf mittlerer Schiene ca. 20 Minuten abbakken.
Dieses Gebäck schmeckt nicht nur zur Weihnachtszeit!

Fasekiechelcher

1 kg Mehl, 1/8–1/4 l Milch, 40 g Hefe, 150 g Margarine, 150 g Zucker, 3 Eier, 1 Prise Salz, 1 Glas Weinbrand (wer mag)

Einen nicht zu weichen Hefeteig herstellen, den man nach dem Aufgehen 1–2 cm dick ausrollt und in kleine Rechtecke schneidet oder mit einem Glas aussticht. Aufgehen lassen und in heißem Fett schwimmend ausbacken. Nach dem Abtropfen mit Zucker bestreuen.

Daarler Brezel

Kennen Sie diese dünnen, außen knusprigen, innen weichen großen Brezel aus dem Saarland? Sie werden hauptsächlich in Daarl hergestellt, aber im ganzen Saarland mengenweise verkauft und geknabbert. Sie sind neben dem Kranzkuchen das beliebteste Gebäck. Man kann sie an jeder Straßenecke und auf den Märkten kaufen. Die Herstellung der Brezel ist ein wenig kompliziert, aber es lohnt sich, sie auszuprobieren:

Teig:
500 g Mehl, 40 g Hefe, 1 TL Zucker, 1/8 l Wasser oder Milch, 2 Eier, 1 Prise Salz, 125 g Butter oder Margarine
Garnitur:
1 Eigelb zum Bestreichen, grobes Salz zum Bestreuen
Lauge:
100 g Soda (Apotheke), 1 l Wasser

Aus den Zutaten wird nach dem Grundrezept (s. S. 96) ein geschmeidiger Hefeteig gearbeitet. Nachdem er aufgegangen ist, formt man daraus 20 cm lange und nicht ganz fingerdicke Brezel, legt sie auf eine bemehlte Unterlage und läßt sie erneut gehen. Soda im Wasser klar kochen. Die Brezel einzeln hineingleiten lassen und einmal sprudelnd aufkochen. Dann sofort herausnehmen und auf ein gefettetes Backblech legen. Mit Eigelb bestreichen und mit grobem Salz bestreuen. Bei 220° knapp 20 Minuten abbacken, damit sie außen zwar hellbraun, innen aber noch schön weich sind. Herausnehmen und möglichst frisch zu Wein knabbern.

Saarbrücker Speckkuchen

Steffis Lieblings-kuchen

Hefeteig:
500 g Mehl, 40 g Hefe, 1 TL Zucker, 1/8 l warme Milch, 80 g zerlassene Butter, 1 Ei, 1 TL Salz
Belag:
375 g Dürrfleisch, 2 Eigelb, 4 TL Kümmel, 1 EL grobes Salz

Den Teig ausrollen und auf ein gefettetes und bemehltes Blech legen. Gehen lassen. Danach mit einem Messer kleine Quadrate einritzen (s. Zimtkuchen). Die Oberfläche mit Eigelb bestreichen. Das Dürrfleisch in Würfel schneiden und über den Teig verteilen. Besonders in die Schnittpunkte setzt man je 1 oder 2 Dürrfleischwürfel. Mit Salz und Kümmel bestreuen und schön braun backen. Man ißt den Speckkuchen warm zu Wein oder zum Federweißen.

Notizen & weitere Rezepte:

fig .12

Getränke

Wie aus etlichen der in diesem Buche wiedergegebenen Rezepte zu ersehen ist, werden im Saarland hauptsächlich Bier, Wein und Viez (Apfelwein) getrunken.
Das qualitativ gute Wasser begünstigt die Herstellung von feinen Bieren nach Pilsener Brauart und als Export-Bier. Die saarländischen Biere sind etwas stärker gehopft und haben dadurch einen angenehmen, leicht bitteren Geschmack.
Eine Besonderheit ist der Nikolausbock. Dieses Bockbier wird ab dem 6. Dezember, also vom Nikolaustag an, ausgeschenkt. Die Geschmacksrichtung ist, je nach Brauerei, unterschiedlich. Meist ist Nikolausbock dunkel; einige Brauereien stellen jedoch auch helles Bockbier her. Aber schön stark sind diese Biere alle!
Nach Neujahr kann man kaum noch Bockbier im Ausschank haben. Dann heißt es: Warten bis zum nächsten Fest! Einige Brauereien stellen nämlich auch zu anderen Festtagen Bockbier her, also z.B. Mai-Bock oder Kirmes-Bock.
Bierbrauen hat Tradition im Saarland. Das zeigt sich auch an der beträchtlichen Anzahl großer und kleiner Brauereien. Der Anteil der letzteren, mehr örtlich bedeutsamen Brauereien geht zurück, und das wird mancher bedauern. Es gab erstklassige Biere, die über die eigene Gemeinde hinaus unbekannt waren.
Beim Weißwein bevorzugen die Saarländer herbe bis süffige Weine, wie Pfälzer, Elsässer und Saar-Mosel-Ruwer. Zwar wird wesentlich mehr Bier als Wein getrunken, aber jede Gaststätte hat diese Weine im Ausschank. Besonders bei festlichen Anlässen ist Wein, pur oder als Bowle, sehr beliebt.
Rotwein wird meist zum Essen getrunken. Beliebt sind französische Landrotweine und Beaujolais.
Als Viez wird der in der Gegend um Merzig herum gewonnene Apfelwein »mit Saarcharakter« (im Gegensatz zum hessischen) bezeichnet. Seines herben Geschmacks und seiner Bekömmlichkeit wegen – er enthält auch wenig Alkohol – ist er als Erfrischungsgetränk oder zum Essen geschätzt.
»Klore«, die auch zum Bier getrunken werden, sind außer Kümmel, Korn und Obstler noch Trester, ein aus den Traubenrückständen gebrannter Schnaps.

Pfefferminzsaft

Auf 1 l Wasser berechnet:
1 Schuß Essig, 1 kg Zucker (Kandis), 2 große Hände voll frische Pfefferminzblätter

Das Wasser abkochen und erkalten lassen und einen Schuß Essig zugeben. In einem Glas schichtet man nun Kandis und frische, gewaschene Pfefferminzblätter lagenweise und übergießt dies mit dem Essigwasser. Das Glas verschließen und 3–4 Wochen in die Sonne stellen.
Diesen Sirup durch ein Sieb auf Flaschen ziehen und zukorken.
Er wird mit Wasser verdünnt als Durstlöscher oder mit »Klarem« gemixt als Likör getrunken. Sehr erfrischend!

Magenlikör

Dieser Likör wird aus den frischen gelben Blüten des Johanniskrauts gewonnen. Man findet es im Saarland auf den Wiesen und an den Waldrändern. Seit altersher wird es zu Heilzwecken zwischen Juni und August gepflückt. Aus den getrockneten Blüten wurde früher vielfach Tee gewonnen, der als Heilmittel gegen die verschiedensten Krankheiten diente. In alter Zeit nannte man es auch Tüpfelhartheu und verband es wegen Blütezeit und Heilwirkung mit dem Kult um die Sommersonnenwende, der in christlicher Zeit vielerorts auf den Johannistag, den 24. Juni, überging.

2 große Hände voll Johanniskrautblüten, 1 Flasche 43 % Alkohol, 125 g Kandis-Zucker

Blüten waschen, trockentupfen und mit dem Zucker in Flaschen füllen. Mit dem Alkohol bedecken und 1 Jahr lang gut verschlossen ruhen lassen. Abgießen und bei Magenverstimmung trinken.

Köllertaler Nußlikör

(auch Cholera-Likör genannt)

30 Walnüsse, 30 Gewürznelken, 3 g Zimt, 1 Flasche Weinbrand, 125 g Kandis-Zucker

Die Walnüsse um Johanni (24. Juni) pflücken, so sagt es die Chronik, etwas antrocknen lassen und zerstoßen. Man gibt sie in einen großen Krug, fügt die Nelken und den Zimt zu und übergießt sie mit dem Weinbrand. Der Glaskrug wird zugekorkt in die Sonne gesetzt und bleibt dort 7 Wochen stehen. Darauf achten: jeden Tag schütteln! Danach filtert man den Sud durch ein Mulltuch. Kandis in Flaschen füllen, den Sud zugeben und nochmals einige Tage stehen lassen, damit sich der Zucker klärt. Schütteln nicht vergessen! Das ergibt einen herrlichen Likör, dem man sogar nachsagt, er habe im 19. Jahrhundert die Cholera im Köllertal besiegt.

Notizen & weitere Rezepte:

fig. 13

Anhang

Saarländisches Alphabet für Nicht-Saarländer

A	abschmelzen	mit ausgelassenem Speck oder zerlassener Butter übergießen
	Appelviez	Apfelwein
B	bähen	rösten
	Bambelcher	Mangold
	Bettsejer	Löwenzahn
	Bibbelchesbohne	Löffelbohnen
	Biebelchessupp	Kartoffelsuppe
D	Dibbe	Topf oder Bräter
	Dürrfleisch	geräucherter, durchwachsener Speck
E	Emmes	Imbiß
F	Flauzen	Kuhmagen oder Kutteln
G	Gelbrüben	Möhren
	Geling	Lunge
	Grumbeere, Grumberde	Kartoffeln
H	Hartschmeer	Rübenkraut
	hoorig	haarig
K	Kappes	Weißkohl
	Kärschdscher	Krüstchen (Bratkartoffeln)
	Kerb	Kirmes (Kirchweih)
	Kersche	Kirschen
	Kiechelcher	Kügelchen oder kleine Klöße
	Knepp	Knödel, Klöße
	Koaschd	Kruste

L

Lattwerg	Pflaumenmus
Lauch	Porree
Lewwer	Leber
Lyoner	Fleischwurst mit Knoblauch, ursprünglich aus Lyon

P

Pann	Pfanne
Peterling	Petersilie
Platt	Platte oder flache Schüssel
Plotzäppel	Falläpfel

Q

Quetsche	Pflaumen oder Zwetschen

R

Rähmchen	Mangold
rappen	auf einer Reibe reiben
riwwele	zwischen den Händen zerreiben

S

Schmeer	a) belegte oder mit Butter bestrichene Brotschnitte b) Brotbelag, z. B. Eierschmeer
Schniß	Mund
solbern	pökeln
stuppen	etwas aufstoßen oder anstoßen

V

verkläppern	verschlagen oder verquirlen
Viez	Apfelwein

W

Wähle	Heidelbeeren
Wambe	Bauch
Weck	Semmel

Z

Zuckerbohnen oder Zuckersteine	Bonbons
Zwiwwel	Zwiebel

Zum Schluß

Die herkömmlichen Eß- und Trinkgewohnheiten der Bewohner des Saarlandes wurden – wie andernorts – mitbestimmt von dessen landschaftlichen Gegebenheiten. In weiten Teilen gilt das Saarland als ein Industriegebiet in waldiger Landschaft. Die meisten Zechen über den großen Steinkohlelagern liegen versteckt in den Tälern des ausgedehnten Waldlandes. Die Eisenhütten und Walzwerke der Schwerindustrie beherrschen schon stärker an ihrem Platz Teile des Landschaftsbildes.

Viele der in den großen Werken beschäftigten Arbeiter lebten in kleinen Orten – also nicht, wie eher im Ruhrgebiet, in städtischen Ballungsgebieten.

Hier hatten sie ihr eigenes Häuschen, dahinter einen Garten, eine Wiese für die Ziege, mit einigen Obstbäumen darauf – und wiederum dahinter lag, zumindest nicht weit, der Wald.

Garten und Wald bildeten von altersher neben dem Lohn die Ernährungsgrundlage für die Köhler und die Bergleute, für die Eisengießer und die Walzwerker und ihre Familien. Das selbstgezogene Gemüse aus dem eigenen Garten, Pilze und Beeren aus dem Walde, auch die Kräuter vom Wegrand, dazu Milch und Fleisch vom Kleinvieh – das war's, was man hatte und was die Mütter auf den Tisch brachten. Von Einflüssen aus der französischen Küche, die anderwärts vielleicht vermutet werden wegen der geographischen Lage und wegen der wechselvollen Geschichte des Saarlandes kann da kaum die Rede sein.

Daß Essen und Trinken nicht nur Leib und Seele, sondern auch die Familien zusammenhalten können, das ist besonders im Saarland zu merken.

Das gesellige Element gemeinsamer Mahlzeiten wird sommertags augenfällig, wenn Nachbarn und Freunde oder Vereine mit Kindern und Gästen den knusprigen Schwenk- oder Spießbraten schmoren und ihn dann an langen buntgedeckten Tischen verschmausen. Und zu einem rechten Fest gehört es dazu, sich nach Herzenslust satt zu essen. Das sagt auch der Name des »Wambefeschtes«, das früher die Bergleute mit Hunderten von Teilnehmern feierten. Sie nannten es so, weil das Fest der Wampe, dem Bauch also, besonders zugute kam.

Was jedoch diejenigen Bergleute kochten und aßen, die um die Jahrhundertwende herum in den sogenannten Schlafhäusern lebten, konnten wir bisher noch nicht feststellen. Sie schrieben wohl kaum ihre Rezepte auf. Jede Grube hatte solche Schlafhäuser, da viele Bergleute von weit her aus dem Hunsrück und aus der Pfalz kamen. Sie schliefen die Woche über hier, kochten dabei selbst für sich, und gingen am Wochenende über Bergmannspfade durch die Wälder oft 30 bis 50 Kilometer weit nach Hause.
Aus den saarländischen Familien jedoch konnten wir die hier nun vorliegenden Rezepte sammeln. Dabei haben uns besonders Ilse und Harald Schütz und Werner Ludes aus Neunkirchen geholfen. Wir bedanken uns sehr dafür. Auch der Landeskundlichen Abteilung der Stadtbücherei von Saarbrücken sowie einzelnen Mitarbeitern der Saaruniversität haben wir für freundliche Unterstützung zu danken.
Wir hoffen, mit diesem »Kochbuch aus dem Saarland« manche Rezepte in dieser Zeit, wo Massenproduktion und -konsum überall die Eßgewohnheiten verändern, davor bewahrt zu haben, vergessen zu werden. Wir hoffen jedoch auch, daß manche der verehrten Leser und Leserinnen sich anregen lassen, uns über die Anschrift des Verlages weitere Rezepte mitzuteilen – oder andere Berichte vom Essen und Trinken im Saarland. Denn wir meinen, es lohnt sich, auch auf diese Weise ein Lied zu singen vom schönen Saarland und seinen liebenswerten Menschen.

Gisela Altkemper

Gabriele Schütz

Richt' deine Tafel niemals aus,
Wie man dem Bettler reichet eine Gabe,
Unschöne Schüsseln, sie verleiden,
Auch den allerfeinsten Bissen;
Zierlich gib', wenn auch bescheiden,
und dein Gast wird nichts vermissen.

Inhalt

Suppen

I. Fleischbrühen

II. Suppeneintöpfe

III. Süße Suppen

Fleischgerichte

Innereien

Hausschlachtung

Wild- und Kaninchengerichte

Fisch

Kartoffelgerichte

Klöße

Gemüse und Salate

Käse

Marmeladen und Kompotte

Nachtisch

Gebäck

Getränke

Anhang

Wenn Sie sich für weitere Bücher aus unserem Verlag interessieren, schreiben Sie uns oder fragen Sie Ihren Buchhändler. Nachdem Sie dieses Buch kennengelernt haben, werden Ihnen sicher auch unsere anderen Titel zusagen, wobei Sie diejenigen, die wie das vorliegende Buch auch zur Landschaftsserie gehören, alle zu dem gleichen Preis erwerben können.

Eine kleine Überraschung haben wir noch für Sie. Sie können bei uns eine Schürze aus dem Umschlagstoff dieses Buches, aber auch aller anderer Landschafts-Titel unseres Verlages bestellen, besonders zum Verschenken und Selberschenken, zum Preis von DM 18,–. Sie wird Ihnen bestimmt gefallen!

In unserem Verlag sind erschienen:

Das Kochbuch aus Hamburg
Das Kochbuch aus Hessen
Das Kochbuch vom Oberrhein
Das Kochbuch aus Berlin
Das Kochbuch aus der Eifel
Das Kochbuch aus dem Harz
Das Kochbuch aus München und Oberbayern
Das Kochbuch aus Ostfriesland
Das Kochbuch aus Niederbayern und der Oberpfalz
Das Kochbuch aus Franken
Das Kochbuch aus Bremen
Das Kochbuch aus dem Schwarzwald
Das Kochbuch von der Mosel
Das Kochbuch von Sylt
Das Kochbuch vom Dreiländereck
Das Kochbuch aus dem Münsterland
Das Kochbuch aus Westfalen
Das Kochbuch aus Thüringen, Sachsen und Schlesien
Das Kochbuch aus Mecklenburg, Pommern und Ostpreußen
Das Kochbuch aus Schleswig-Holstein
Das Kochbuch aus dem Rheinland
Das Kochbuch aus Schwaben
Das Kochbuch aus Niedersachsen
Das Brotbackbuch
Das Kochbuch aus dem Sauerland
Das Kochbuch aus dem Bergischen Land
Das Kochbuch aus der Lüneburger Heide

Das Kochbuch aus Tirol
Das Kochbuch aus Kärnten
Das Kochbuch aus der Steiermark
Das Kochbuch aus Salzburg
Das Kochbuch aus dem Burgenland
Das Kochbuch aus Oberösterreich

Das Kochbuch aus dem Bernbiet
Das Kochbuch aus Basel
Das Kochbuch aus dem Tessin (ital./deutsch)
Das Kochbuch aus der Innerschweiz
Das Kochbuch aus Graubünden
Das Kochbuch aus der Westschweiz
Das Kochbuch aus der Ostschweiz

Das Kochbuch aus dem Elsaß (franz./deutsch)
Das Kochbuch aus Schottland (engl./deutsch)
Das Kochbuch aus Lyon (franz./deutsch)
Das Kochbuch aus der Tschechoslowakei (tschechisch/deutsch)
Das Kochbuch aus Luxemburg (franz./deutsch)
Das Kochbuch aus Italien – Ligurische Spezialitäten (ital./deutsch)

Schlemmern mit Lämmern
Das Buch vom schönen Backen
Hausmachers Schnapsbuch
Rund um den deutschen Wein